リスクマネジメント論

风险
管理论

作者 李洪茂(Hongmu Lee)
监修 刘新立
译者 陆超, 农师捷

PRINCIPLES

OF   RISK

MANAGEMENT

博英社

译者序

　　我与李洪茂教授的初识是在2013年的早稻田大学，那时选修了李教授开设的名为"风险管理"的研究生课程，课程内容非常有意思。李教授通过对理论与实际案例的讲解，用通俗易懂的方式系统论述了风险管理的精髓，并让学生通过课堂发表、写小论文、以及课后回馈等方式加深对这门课程的理解。从那时起，我对风险管理这门学科便产生了浓厚的兴趣。博士论文的方向也是关于风险管理在金融工程方面的应用。可以说，李教授对我的研究方向起到了很大的指导作用。

　　现在的我则是作为早稻田大学商学学术院的助教与李教授一同共事。当得知他出版了"风险管理论"一书时，第一时间就拜读了此书。一口气读完后受益匪浅。这本书详细介绍了风险管理基础知识及理论框架，丰富的案例能不仅让整本书的内容更加生动易于理解，同时也能够帮助保险学等相关领域的初学者快速入门。

　　这本书原版为日文版，现已作为指定教材在商学部风险管理的课上使用。由于李教授本人与中国的渊源颇深，还曾作为访问学者在北京大学有过一年的研究经历，因此当日文版出版后，他也非常希望中国的学生有机会阅读此书。考虑到研究方向上的契合，李教授便邀请我为他翻译此书。

　　在翻译过程中，我也参阅了国内一些风险管理方面的书籍，发现其中涉及日本保险业的并不多。而李教授的著作弥补了这方面的不足，这要归功于他在日本早稻田大学多年的任教经历，使得他对日本保险业的法律、案例以及该领域的最新动态有着详尽的了解。因此对风险管理学，尤其是日本保险方面感兴趣的学生，不妨尝试阅读本书，相信定会有所收获。

　　李教授见证了我多年来学术上的成长，能为他的书写序是我的荣幸。同时我也期待教授的书能够让更多学生了解风险管理的魅力，从而加入这个领域并有所建树。

2020年8月

陆超

前　言

从应对环境变化到以理性管理获取竞争优势，引入企业风险管理（ERM：
Enterprise Risk Management）的理由涉及多个方面。2001年9月11日发生于
美国的恐怖袭击引发了人们对引入企业风险管理的必要性的强烈认识。

此外，以2001年12月和2002年6月分别发生于安然公司和世通公司的财
务造假事件为背景，各国制定或修改了与此相关的法律法规，例如美国的SOX
法，日本的金融商品交易法和公司法，推动了企业风险管理的普及。作为预防
该类事件的措施，COSO和国际标准组织（ISO）分别发布了ERM框架和RM
框架。笔者认识到，这些有关风险管理框架的讨论体现了风险管理理论系统化
的可能性，它将使得风险管理作为一门学科实现飞跃式发展。

另一方面，2011年3月11日发生的"东日本大地震"造成了巨大的损失。
虽然以政府再保险为依靠的地震保险向受灾者们提供了针对住宅与财产的金额
有限的补偿，但其目的是维持受灾者的生活稳定，并非从地震灾害中恢复。由
于商业地产不属于上述地震保险的保险对象，该类保险无法向企业提供保障。

近年来，随着气候的变化，不仅是地震，洪水和台风等自然灾害发生的频
率也有所增加。企业必须采取全面和系统的措施来应对有可能会给其业务活动
带来威胁的自然灾害。由于环境变化和不确定性的增加，企业风险管理变得越
来越重要。在企业丑闻和事故频发的背景下，企业风险管理的改善和全面实施
的必要性也愈发凸显。

对于企业风险管理的理解因职而异。会计师倾向于认为企业风险管理是为
了让会计处理更合理而使用的内部控制手段，而金融机构将其理解为为了满足
监管要求而进行的风险量化。因此，大多数企业风险管理的书都是根据其应用
或风险融资等主题编写的，而概述风险管理理论整体体系的书寥寥。

笔者在风险管理理论体系的框架研究和整理的过程中作成了本书。本书将
从各个角度来讲述企业风险管理的系统的基础知识，如能对日后的研究和实践
有所帮助，荣幸之至。

2020年8月

李洪茂

目录

第一部　风险管理总论

RISK MANAGEMENT

第1章　风险的概念与企业风险

危险通常指的是不安全的，或者可能产生危害或损害的事物。但是，风险（risk）通常没有统一的定义，其概念也各不相同。本章将对风险的概念和类型进行概述。

1. 风险的概念

(1) 保险风险

保险是风险处理的传统手段。风险指的是损害或者风险发生的可能性，但这种可能性，仅限于可在财务上进行评估的损害。保险风险的概念如下。

第一，风险被描述为风险因素（Hazard）的集合。风险因素是发生损害的潜在或扩大因素，也是增大频率（Frequency），即损害发生的次数，或强度（Severity），即损失的多少，或规模（size）的条件。例如，在同一个仓库内同时保有货物与汽油两种物品，汽油本身并未产生损害，但增加了火灾发生的频率以及由此所产生的损害的强度，所以在这样的情况下，汽油是风险因素。在风险因素中，有路面结冰、急转弯等等的物理风险因素，也有诸如疏忽这样的心理风险因素。第二，也有研究者认为，风险指的是风险事故（Peril），即火灾、爆炸或碰撞这样的事故本身。第三，风险事故的结果，即损害（Loss or Damage）发生的可能性被称为风险。

风险因素、风险事故和损害的关系如下图所示。

图1 风险因素和风险事故的关系

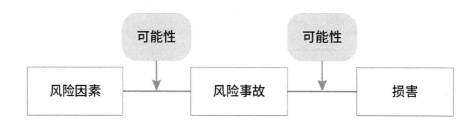

(出处) 根据多个资料整理作成

　　如上图所示，风险因素，风险事故与损害之间通过可能性产生关联。此外，在保险风险中，风险事故的发生概率（频率）与损害的大小（强度）相乘所得的损害的期望值被称为风险值（Risk Value），用于表示风险的大小。

风险值（Risk Value）＝ 事故发生概率 × 损害大小

　　"损害"一词通常被用于描述物体损坏以及人身伤害的状态，"损失"则用于形容经济上的损益。在保险中，常常使用"损害"一词，在本书第二部的风险融资概述中也频繁使用该词。本书将不对这些用语进行区分。

(2) 偏离期望值

　　风险被定义为结果对期望值的偏离，风险的大小与预测期望值的能力成反比。这里的风险是指，实际的结果与期待的结果不同的概率，并用"方差"或"标准差"来表示结果的分散程度。

　　此外，《ISO 31000风险管理标准[1]》中将风险（risk）定义为"不确定性对目标的影响（Effect of Uncertainty on Objectives）。在这里，影响意味着在好方向和坏方向上偏离预期目标。该风险定义中，带来损害或利益的事件都被视为风险。例如，当盈利目标为五亿日元时，获利3亿日元与获利7亿日元的风险规模将被视为同等。这是由于，在金融工程学与商业战略风险领域中，正向与负向是不可分割的。

---

1 详细内容请参照本书第五章。

(3) 黑天鹅

过去在西方，人们认为天鹅都是白色的。1697年，探险家在澳大利亚大陆上发现了黑天鹅，人们为此感到震惊，"天鹅是白色的"这一"常识"也随之崩塌。从此之后，黑天鹅（Black Swan）被用于指代用过去的经验和知识无法预测，并因此带来无法预测的巨大影响的事件。

Nassim Nicholas Taleb在2006年出版的《黑天鹅（The Black Swan）》一书中描述了黑天鹅的特征。第一，无法预测。二，影响巨大。三，发生的事件并非偶然可见，似乎从一开始就安排好了。

2. 根据是否可保分类风险

传统上，我们以是否可保为基准，对风险进行分类。也就是说，保险无法控制一部分的风险。

(1) 纯粹风险和投机风险

这是以是否存在收益发生的可能性为基准进行的分类。该方法由Mowbray（1969）提出。纯粹风险（Pure Risk）是指，只有损失，没有获利可能性的风险。纯粹风险也被认为是后述的静态风险。例如，火灾、交通事故、自然灾害等等。诸如人身风险（Personal Risk）、财产风险（Property Risk）、责任风险（Liability Risk）这样的风险，虽然是以保险对象进行划分的，但都属于纯粹风险。

与此相对，投机风险（Speculative Risk）是指可能产生收益，也可能产生损失的风险，例如价格变动风险、外汇风险等等。投机风险属于后述的动态风险。由于投机风险的发生概率难以以统计学的方式进行测定，无法承保。纯粹风险可以使用统计手段进行测定，是可保风险。

(2) 静态风险和动态风险

这是Willet（1951）在《The Economic Theory of Risk and Insurance》中提出的分类方法。静态风险（Static Risk）是指在稳定的

社会和经济环境中发生的风险。换言之，静态风险是在经济形势、政治形势、法律形势、经营战略、消费者战略、消费者嗜好和流行等社会基础稳定不变的情况下发生的风险，例如雷暴、火灾、死亡这样的自然的或人为的风险。静态风险是纯粹风险，可保。

动态风险（Dynamic Risk）是指社会和经济变化或发展过程中产生的风险，是在上述的社会基础有所变动时出现的风险，属于投机风险。动态风险缺乏规则性，难以用统计手段测量，因此不可保。

3. 企业风险的种类

企业中的风险多种多样[2]，本书将其分为市场风险（利率、汇率等）、信用风险、操作风险三个种类。

图2　企业风险

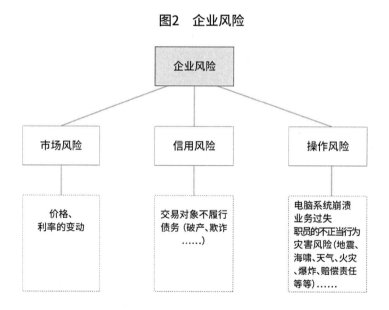

(出处) 根据多个资料整理作成

2　北美非寿险精算师协会（Casualty Actuarial Society）将企业中存在的风险分为以下四类。①危害风险，包括赔偿责任、财产损害、自然灾害等。②财务风险，包括价格风险、资产风险、货币风险、流动性风险等。③操作风险，包括客户满意度、产品缺陷、不实行为、信誉风险等。④战略风险，包括竞争、社会倾向、融资等。

(1) 市场风险

市场风险是指，由于利率、汇率、股票等价格变动而导致损失的风险。在商业中，市场风险也指产品需求或价格变动的风险。企业种类不同以及企业间的差别使得每个企业面临的风险有所不同。日本金融厅在《金融监管手册》中所罗列的金融机构中所存在的市场风险风险因素（Risk Factor）的一部分如下表所示。

表1　市场风险的风险因素

风险	内　　容
利率风险	由于利率变动，资产、负债（包含表外资产、负债）的现值（或收益）产生波动的风险。例如，存款、贷款、债券以及金融衍生品中含有利率风险。
汇率风险	由于外汇变动，资产、负债（包含表外资产、负债）的现值（或收益）产生波动的风险。例如，外币计价资产和负债、外汇交易、由此派生的商品（远期、期货、掉期、期权等）、根据外汇汇率确定现金流（偿还金额、息票利率等）的资产和负债中含有外汇风险。
股票风险	由于股价、股指变动，资产、负债（包含表外资产、负债）的现值（或收益）产生波动的风险。例如，股票、附新股认购权公司债券、上述的衍生品（远期、期货、掉期、期权等）、根据股价或股指确定现金流（偿还金额、息票利率等）的资产和负债中含有股票风险。
商品风险	由于商品价格、商品指数变动，资产、负债（包含表外资产、负债）的现值（或收益）产生波动的风险。例如，商品的衍生商品（远期、期货、掉期、期权等）、根据商品价格或商品指数确定现金流（偿还金额、息票利率等）的资产和负债中含有商品风险。
其他的市场风险	根据多个指标确定现金流的资产、负债（包含表外资产、负债）中，多个指标之间存在相关性等。

(出处) 根据《金融监督手册》整理作成。

(2) 信用风险

信用（Credit）通常是指商业上的赊购，也可以用来表示银行借贷。信用风险（Credit Risk）指的是，交易方造成的坏账、收款延迟和供应方导致的交付延迟等情况发生的可能性。日本金融厅在《金融监管手册》中将其定义为，由于债务人的财务状况恶化，贷出债权的价值减少或消失，从而导致损失的风险。在与债权相关的风险中，债务不履行风险又被称为违约风险。现金交易中交易双方并未赋予对方"信用"，信用风险不存在。但在赊购、融资或债券投资等情况下，交易双方存在信用关系，未来有无法回收债券的可能，信用风险存在。

债券投资中，投资家（债权者）面临着发行债券的国家或企业等债券发行主体破产时，无法收回本金与利息的信用风险。储户面临着银行破产时，存款无法回收的信用风险。企业破产时，股价会暴跌，购买了股票的投资家们面临着股票发行主体（企业）的信用风险。金融机构在发放住宅贷款或信用卡贷时，贷款的全额或部分存在无法偿还的可能性，金融机构也面临着信用风险。贷款以及国债、公司债、金融债等债券、股票、信用衍生品等金融商品内含信用风险。

信用风险的概念图如下所示。

图3　信用风险（概念图）

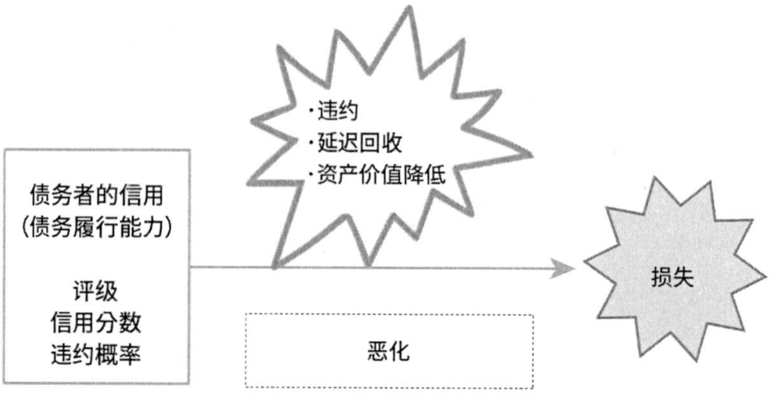

(出处) 根据多个资料整理作成

如果发生了信用风险，债权人或投资家将蒙受直接损失，甚至是间接损失。直接损失是指，由于违约，无法收回债券等交易物的部分或者全部的本息。间接损失是指，违约概率高而导致的信用降低，或是反映信用的债券价格下跌而产生的损失，违约以及违约的可能性增大而导致的资产价格减少也属于间接损失。

资产的种类不同，信用风险也不同。在贷款中，由于借方的违约，无法偿还贷款属于信用风险。例如债券或者股票这样在市场中流通的金融商品，市场价格随着发行方的信用变动属于信用风险。债券的信用风险体现在利率上，信用风险高的发行方所发行债券的利率相对较高。信用风小低的发行方与此相反。因此，在一些企业或国家的信用风险增高时，该企业发行的公司债或该国发行的国债的利率降上升。

国家风险（Country Risk）是指国家的信用风险。进行海外投资或贸易时，由于对方国家的政治或经济状况的变化，作为债务方的该国或身处该国的交易对象不履行债务，导致债务无法回收。与周边国家的战争，内战或革命等引发政权丧失或更替的情况下，进出口民营企业财产被没收的风险，或对对手国内的民营企业进行贷款或换汇上的限制之类的风险，被称为政治风险。再者，转移风险是指，由于交易对象国的外汇准备金不足，汇款等等对外支付被限制或禁止，因而企业无法履行债务的风险。并且，对政府或其他与政府相关的机构的投融资中所存在的无法回收的风险被称为主权风险。这些风险被统称为国家风险。

金融交易中的交易对象被称为交易对手（Counterparty），与其相关的信用风险被称为交易对手风险（Counterparty Risk）或交易对手信用风险（Counterparty Credit Risk）。在交易所进行金融商品的交易时，交易所中的结算所将代替交易者进行交易资金的支付以及接受债务。对于交易方来说，原则上不存在交易对手风险。结算所（Clearing House）是交易所中进行买卖结算处理的机构，调整交易的支付额、收取额，进行结算。但是，在非交易所交易中不存在结算机构，双方面对面进行交易，存在交易对手经营失败，无法支付款项等无法履行契约的可能，交易对手风险存在。

虽然信用评级时用于对债券等金融商品进行信用风险评价的指标，也可以用来评价企业或政府等债券或股票发行方的风险。国家的信用风险评级被称为主权评级。这样的评级由被称为评级公司（Rating Firm）或评级机构（Rating Agency）的企业进行，美系的评级公司有Moody's（穆迪）、Standard & Poor's（标准普尔），英美系的评级公司有Fitch Ratings（惠誉评级）。

各评级机构的评级符号如表2所示。

表2 各评级机构的评级符号

区分	种类	S&P	Moody	R & I	日本评级研究所	Fitch
适于投资	1	ＡＡＡ	Ａaa	ＡＡＡ	ＡＡＡ	ＡＡＡ
	2	ＡＡ＋	Ａa1	ＡＡ＋	ＡＡ＋	ＡＡ＋
	3	ＡＡ	Ａa2	ＡＡ	ＡＡ	ＡＡ
	4	ＡＡ－	Ａa3	ＡＡ－	ＡＡ－	ＡＡ－
	5	Ａ＋	Ａ1	Ａ＋	Ａ＋	Ａ＋
	6	Ａ	Ａ2	Ａ	Ａ	Ａ
	7	Ａ－	Ａ3	Ａ－	Ａ－	Ａ－
	8	ＢＢＢ＋	Ｂaa1	ＢＢＢ＋	ＢＢＢ＋	ＢＢＢ＋
	9	ＢＢＢ	Ｂaa2	ＢＢＢ	ＢＢＢ	ＢＢＢ
	10	ＢＢＢ－	Ｂaa3	ＢＢＢ	ＢＢＢ－	ＢＢＢ
不适于投资	11	ＢＢ＋	Ｂa1	ＢＢ＋	ＢＢ＋	ＢＢ＋
	12	ＢＢ	Ｂa2	ＢＢ	ＢＢ	ＢＢ
	13	ＢＢ－	Ｂa3	ＢＢ－	ＢＢ－	ＢＢ－
	14	Ｂ＋	Ｂ1	Ｂ＋	Ｂ＋	Ｂ＋
	15	Ｂ	Ｂ2	Ｂ	Ｂ	Ｂ
	16	Ｂ－	Ｂ3	Ｂ－	Ｂ－	Ｂ－
	17	ＣＣＣ＋	Ｃaa1	ＣＣＣ＋	ＣＣＣ	ＣＣＣ＋
	18	ＣＣＣ	Ｃaa2	ＣＣＣ	ＣＣ	ＣＣＣ
	19	ＣＣＣ－	Ｃaa3	ＣＣＣ－	Ｃ	ＣＣＣ－
	20	ＣＣ	Ｃa	ＣＣ	Ｄ	ＣＣ
	21	Ｃ	Ｃ	Ｃ		Ｃ
	22	Ｄ		Ｄ		ＤＤＤ
	23					ＤＤ
	24					Ｄ

(出处) 根据多个资料整理而成

评级投资情报中心（R&I）与日本评级研究所（JCR）是日本的评级机构。它们用"A"到"D"对企业、国家、地方机构进行评级。

被穆迪评级为Ba以下与被标准普尔公司评级为BB以下的不适宜投资的高风险、高回报的金融商品被称为"垃圾债"，指的是信用低，本息的偿还可能性波动大的债券。被评级公司评为Baa以上或BBB以上的信用度高的债券被称为"适宜投资债"。

评级公司通过判断债券等资金回收的可能性，向投资者们提供情报，但会向发行方们收取评级手续费。有人指出评级机构与投资者处于利益的两端，并提出切断分析师和营业部门之间的往来的措施。

(3) 操作风险

「操作（Operation）」是指进行业务，或运营。如字面所示，操作风险（Operational Risk）是指业务进行或运营过程中可能发生的损失。操作风险是，在进行日常业务中发生的风险的总称，在一些情况下包括了企业中除了信用风险与市场风险以外的所有风险。对于操作风险的定义和范围目前并没有合适的描述。

近年，以银行为主，各个机构加强了操作风险管理。从2006年末开始实施的《巴塞尔协议II》中，巴塞尔银行监管委员会（Basel Committee）在原有的信用风险和市场风险的基础上，加入了操作风险的管理。这是为了应对IT化进程中所伴随的系统障碍或工作人员的失误等业务上的变化所带来的风险。

《巴塞尔协议II》根据风险产生的原因，将金融机构的操作风险定义为"由于不完善的内部过程、人和系统或外部事件造成的直接或间接损失"。巴塞尔银行监管委员会定义的操作风险如图4所示。

图4　操作风险（巴塞尔银行监管委员会（Basel Committee））

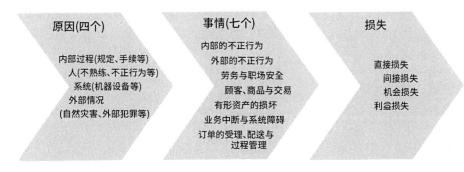

(出处) 巴塞尔银行监管委员会

在该定义中，操作风险中包含了法务风险，但不包含战略风险、评价风险、系统性风险。系统性风险（Systemic Risk）是与单个企业或集团的风险相对的概念，是指一个金融机构的破产或系统崩坏使其他的金融机构或市场产生连锁反应，对金融系统整体产生影响的风险。在该风险中，直接损失属于应补偿损失，间接损失、机会损失、利益损失则不是必须补偿的损失。

在《巴塞尔协议II》中，根据风险发生的原因，操作风险被分为四类。如下表所示。

表3　操作风险的分类（原因）（巴塞尔协议II）

分　类	概　要
过程风险	业务过程复杂，或未被标准化、系统化而产生损失的风险。
人为风险	职员的疏忽或故意行为导致损失的风险。
系统风险	系统崩溃或系统功能减弱而产生损失的风险。
外部风险	发生在系统外部的犯罪或自然灾害等风险。

(出处) 巴塞尔银行监管委员会

为了以国际统一标准对金融机构进行监督，日本金融厅在公告中列举了金融机构的内部管理上的风险事件与特定的操作风险的损失事件。

表4　操作风险损失事件

损失事件的类型	操作风险的损失
内部的不正行为	诈骗或冒领财产，试图逃避法令法规与内部规定的管制等行为导致的损失，与银行或其子公司中至少一名职员相关。（歧视行为除外）
外部的不正行为	系统外部人员诈骗或冒领财产，试图逃避法令法规管制等行为导致的损失。
劳务行为与职场安全	由于违反雇佣、健康或安全相关的法律或协定，对个人伤害进行的支付、劳动损害或歧视行为导致的损失。
顾客、商品与交易行为	在对待特定的顾客时发生过失行为，进而导致职务的义务违反（受托责任、适性等），或是商品的性质和设计导致的损失。
有形资产损坏	自然灾害等其他原因导致有形资产的损坏。
业务中断与系统障碍	业务中断与系统障碍导致的损失。
订单的处理、配送与过程管理	与交易对象相关的损失或交易和过程管理失败导致的损失。

(出处) 日本金融厅第19号公告(2006年3月27日)

如上表所示，是否发生不可控的自然灾害也属于操作风险。

操作风险通常包括商业风险和合规风险。商业风险（Business Risk）是指，在进行商业行为时无法回避的风险，例如经营战略的错误、企业间竞争以及市场动向等等，该风险的范围并没有被明确划分。商业风险与操作风险的界限也没有明确的划分标准。

合规风险（Compliance Risk）是指，业务过程或职员的行为违反了法律或企业规章而产生损失的可能性，属于操作风险。合规不仅仅是指遵守法律，也包括了遵守组织内部的规章制度，以及合乎伦理的行动。灾害风险（Disaster Risk）是指，地震、风暴、暴雨、洪水、火山喷发等异常的自然现象，或人为损害或火灾等情况导致损失的可能性。

RISK MANAGEMENT

第2章 企业风险管理与其相关领域

企业在经营活动中需要面临并处理许多问题。本章将概述企业面对问题时所采取的措施与风险管理之间的关系。

1. 风险管理

风险管理通常被认为是，减少风险带来的负面影响，最大化风险的正面效果的一体化行为。虽然风险管理（Risk Management）一词在20世纪50年代才第一次被提出[3]，但认识风险，并对其采取相应措施的行为，却是贯穿着人类历史发展的始终。各界对于风险管理并没有统一的定义。

在COSO（2004）中，企业风险管理（Enterprise Risk Management; ERM）被定义为，"由企业董事会、管理者或其他成员所实施的流程。适用于战略制定过程中，用于识别有可能对企业带来影响的潜在事件，将风险控制在风险容忍度内并进行管理，为企业达成其目标提供合理的保障[4]"。在COSO-ERM（2017）中，ERM被重新定义为"为了创造、维持、实现组织价值，整合战略制定和实施为一体的文化、能力和实务"。

ISO 31000（2009）将风险管理定义为，"指导和控制某一组织与风险相关问题的协调活动。

3　在Russell B. Gallagher的 "Risk Management; A New Phase of Cost Control"，Harvard Business Review，（1956）中，使用了 "Risk Management" 一词（John Fraser, Betty J. Simkins, Enterprise Risk Management, John Wiley & Sons, Inc., 2010, pp.22-29）。

4　COSO, Enterprise Risk Management − Integrated Framework（Executive Summary Framework），September 2004, p.4.

风险管理的主要定义如下。①指导和控制某一组织与风险相关问题的协调活动[5]。②为了维持或增加企业价值，企业在经营的基础上，对与其事业相关的内外风险进行管理的活动[6]。③由企业董事会、管理者或其他成员所实施的，适用于战略制定，识别有可能对企业带来影响的潜在事件，将风险控制在风险容忍度内并进行管理，为企业达成其目标提供合理保障[7]。

2. 企业风险管理

上世纪90年代，在欧美国家，整合型风险管理引起了人们的关注。一些较为先进的企业在90年代前期创造了整合型风险管理，并将其作为全面管理企业风险，提高企业价值的手段之一。该体系被称为企业层面风险管理（Enterprise Wide Risk Management; EWRM）、战略风险管理（Stretigic Risk Management; SRM）、商业风险管理（Business Risk Management; BRM）、全面风险管理（Comprehensive Risk Management; CRM）、整合风险管理（Integrated Risk Management; IRM）、整体风险管理（Holistic Risk Management; HRM）、总体风险管理（Total Risk Management; TRM）等。

整合型风险管理与过去的保险风险管理不同，其融合了保险与保险以外的金融技术，一般被称为企业风险管理（Enterprise Risk Management; ERM）。企业风险管理旨在对公司经营中可能出现的所有风险进行整体化管理。

传统的风险管理方法以针对信用风险和市场风险这样特定的风险为主要对象，对与该业务相关的风险进行纵向的风险管理。这样的风险管理被称为孤立型（Siloed Approach）风险管理。例如，信贷部门负责管理信用风险，资产运用部门负责市场风险。一部分人，如财务、审查员或内部审计员将负责这项业务。在孤立型风险管理中，由于风险情报被局限于单个

---

5 Coordinated activities to direct and control an organization with regard to risk（ISO / IEC Guide 73: 2002）

6 日本経済産業省《リスク新時代の内部統制リスク・マネジメントと一体となって機能する内部統制の指針》風险管理内部統筹研究会，2003年6月。

7 COSO, Enterprise Risk Management − Integrated Framework, Executive Summary Framework, September 2004。

部门之内，无法应对跨部门风险或处于部门边缘的风险的状况时有发生。但是，在ERM中，风险识别、分析与应对等流程将在企业整体内进行，有利于无遗漏且高效地进行风险管理。

表5　传统的RM与ERM

分类	传统的RM	ERM
对象	操作风险、危机管理等个别风险。	实施战略和达成财务目标相关的风险。
目的与管理体系	目的是减轻个别风险。管理体系是个别风险管理体系的集合。在集团中的不同公司或公司中的不同位置，该体系会有所不同。	集中管理整个公司或是集团的风险。是共享目的与方针的整体对策。
特征	一些部门中被识别的风险在集团中未被识别。在与收益相关的战略风险管理和监察方面有所欠缺。	从整体上职别组织中的风险。在企业的风险容忍度内控制风险并达成事业目标。

(出处) 根据多个资料整理作成

　　传统的风险管理中，风险被认为是利润的减少（损失），应该避开。但是在企业风险管理中，风险被解读为利益的源泉，企业应该直面风险以获取利益。企业风险管理是在经营的层面上，对整个企业的风险进行统一的管理。因此，整个企业将会共享风险相关情报，跨部门风险与边缘风险也可以得到处理。与传统的风险管理相比较，企业风险管理有以下几个特征：①从"避开风险"转变为"直面风险"；②从"避开或减少损失"转变为"提升企业价值"；③从"企业利益"转变为"利益相关者与社会的利益"；④从"个别风险处理"转变为"整体风险处理"。

　　此外，传统的风险管理十分依赖于投保这样的保险风险管理方式。与其不同的是，在企业风险管理中，不仅是纯粹风险，投机风险也被纳为管理对象。例如，出口汽车时，在汽车运送过程中发生事故而导致的损失或赔偿一类的纯粹风险属于保险风险管理的管理对象。但是在企业风险管理中，不仅是纯粹风险，汇率与价格变动等投机风险（市场风险）也属于管理对象。

表6 保险风险管理与企业风险管理

分类	保险风险管理	企业风险管理
风险的定义	未来损失发生的可能性。	未来的不确定性。包含收益与损失。
应对风险的态度	躲避风险	管理风险
过程	防止损失的产生，发生风险事件时将损失最小化。	风险是利益的源泉。在有风险的企业价值提升活动中，追求企业的存续与发展。
对象风险	纯粹风险	纯粹风险 投机风险（市场风险）

(出处) 根据多个资料整理作成

3. 危机管理

危机管理（Crisis Management; CM）是指，企业在面临威胁到自身存续的危机时，将该危机带来的负面影响最小化，是使企业从危机中恢复的风险管理的一环。危机管理研究在1980年的大规模产业或环境灾害[8]中诞生，是危机对策的体系化研究中较新的领域。

危机是指在风险中与组织的存亡息息相关的事件，例如地震、爆炸、火山喷发、恐怖袭击、战争等导致的非常情况。在危机管理中，危机发生时将负面影响最小化，使企业快速恢复，是重要的课题。

风险管理和危机管理有不同之处。风险管理是一种日常业务，企业会在风险显现前就进行风险识别、评价与分析以及应对。因此，风险管理也包含了危机发生对策的准备与完善。而危机管理是在危机发生后防止损失扩大，以事后处理为中心的行为。

RM与CM的关系，如图5所示。

---

8 Shrivastava, P. Mitroff, I.I., Miller, D. and A. Miglani, "Understanding Industrial Crises", Journal of Management Studies, 1988, pp.285-304。

图5　RM与CM的关系

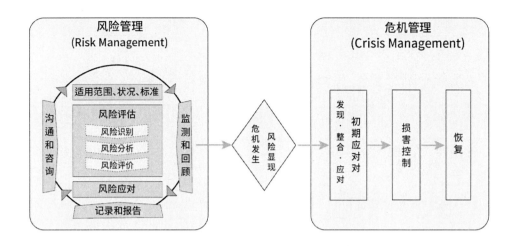

(出处) 根据ISO的资料等整理作成

　　危机管理有三个要素。首先，与组织的存亡息息相关；其次，较为紧急；再者，决策时间短。例如，"针对产品的恶搞与威胁"这样的"产品中伤"的情况中，不仅有损产品形象，还可能发生巨额的间接损失。这样的事件存在于在食品、医药、寝具、医疗、通信等业界之中。假设一家食品公司接到了一通声称商品中被混入有毒物质的威胁电话，风险管理是指设计出难以混入异物的商品包装来预防"产品中伤"，或是改善运输方法等日常作业、而危机管理是指接到电话后、成立专门的应对团队、召回商品、向企业外部发出公告、挽回企业形象等行为。

　　安全管理（Security Management）通常被认为是与资产保护、防灾等安保或安全相关的管理。而信息安全管理（Information Security Management; ISMS）是指企业等团体对信息进行适当管理、保守机密的体系。

4. 业务持续计划

业务持续计划（Business Continuity Plan；BCP）被定义为"在发生了大地震等自然灾害、传染病的传播、恐怖袭击、大事故、供给链中断、突发的经营环境变化等无法预测的事件的情况下，可以使重要业务不被中断，即使中断也能在短时间内恢复的计划，包含了具体的方针、体制和程序等内容"[9]。BCP在广义上属于风险管理的一种，也可以认为是危机管理的一种。

BCP的显著特点是设置"恢复时间目标（Required Time Objective）"，并在发生大灾害时，在目标恢复时间内重新开展核心业务。BCP的作用是确保与客户的交易不会泄露给竞争对手，并保护企业免受市场份额下降和企业声誉恶化的影响。根据实例，使用BCP时，如果发生重大灾害，通过在目标恢复时间内恢复提供产品和服务，企业可以获得在竞争中优于其他企业的优势，增大市场份额。

BCP是针对企业可能遇到的每种类型的紧急状况而建立的，主要被运用于以下情况。

① 大地震

作为震灾前的准备，不仅是企业内部，针对企业外部的重要业务、物流网络、供应商、外包服务等经营资源的措施也是必要的。

② 水灾（洪水、风暴潮、海啸）

防浸泡等防灾措施是必要的，但由于在水灾规模较大时，防灾措施也会失效，用BCP进行业务恢复的准备也十分重要。不仅要考虑企业自身遭受灾害的情况，还要在BCP中预设方法来应对距离较远的供应商或相关企业遭受灾害时，重要物资采购困难的情形。

9　负责内阁府防灾「事業継続ガイドライン第3版」（副題：あらゆる危機の事象を乗り越えるための戦略と対応）、2013年8月改定。

③ 传染病（新型流感、流行病）

流行病（Pandemic）是指世界范围内发生的感染者众多的疾病，例如AIDS等。纵观人类史，每次发生流行病，都有许多人因此失去生命。与感冒相比，一般的流感会更快地使患者产生恶寒、高烧、肌肉酸痛、全身无力等症状。而由于大多数人都对新型流感不具有免疫，新型流感会比一般的流感更容易快速扩散。致死率较高的禽流感扩散时，日本国内预估会有数十万甚至百万人因此死亡，在疾病流行的数周或数月间，为了防止感染，包括上学以及上班在内的外出活动很有可能被禁止。因此，BCP需要在应对人员感染的基础上，考虑远程工作等措施。

④ 火山喷发导致的落灰，寒流导致的积雪

位于日本首都圈的富士山喷发、温暖地区意外降雪等会对物流网或重要业务造成打击的灾害，可以使用BCP进行处理。因火山的落灰而停电或交通不畅，或温暖地区因积雪而交通不便的情况下，员工无法出勤。此外，沙尘灾害、龙卷风、雷电、冰雹等在部分地区发生频率较高的灾害也需要多加注意。

⑤ 无差别的人为灾害

传统上，灾害被分为"自然灾害（Natural Disaster）"与"人为灾害（Human-Made Disaster）"。人为灾害是指，停电、大规模事故、核电站泄漏、恐怖袭击、战争等由人类引发的事故，也指由于破坏自然、污染环境而产生的灾害。Chemical（化学）、Biological（生物）、Radiological（放射性物质）、Nuclear（核）、Explosive（爆炸物）等产生的灾害属于特殊灾害，被称为CBRNE（NBCR）。

由于电力公司的故障导致的停电、大规模的工厂火灾、核电站的放射物泄漏事件、恐怖袭击和战争等武力攻击，虽不以某个企业为攻击目标，但会对不特定的多数人带来损害，是与自然灾害同等的威胁。大地震后，大规模事故与核电站泄漏等二次灾害可能会发生，因此，针对人为灾害的防灾准备需要与针对自然灾害的防灾准备相配合。

⑥ 供应商受灾、破产、相关企业的恶性事件

制造重要零件的供应商在自然灾害中遭受损失、中止业务，或是核心业务的交易对象突然破产，或是相关企业或母公司等发生了恶性事件，对本企业产生影响，都属于BCP的处理对象。

⑦ 威胁、偷盗、网络攻击

针对企业的威胁、营业阻碍、不合理投诉中的过度需求、偷盗等犯罪行为，甚至是未经授权访问或信息篡改这样的网络攻击等人为攻击，根据业务类型或业务形态的不同，也属于BCP的管理对象。其中的风险不但包含以上事件带来的灾害，还包括了错误的处理方式导致的二次损害，如与企业相关的不良信息在网络或社交媒体上传播。

⑧ 信息泄漏、食品中毒、会计舞弊

因会计舞弊、伪造产地和生产日期、个人信息泄露、非法丢弃、违反法律等企业内部产生的恶性事件，企业的存续受到威胁的情况也时有发生。无论企业难以存续的风险是否来自于企业内部，都应该在BCP中进行考量。

⑨ 主要人员的死亡、住院、离职、转职

在中小企业中，可能会由于独当一面的总经理突然死亡，负责全部后勤事务的总务部长因病入院，被视为竞争力来源的工匠退休，有才能的销售员的离职等原因，一部分专人负责的业务无法开展。

业务持续计划（BCP）的概念（突发事件型）如图6所示。

图6 业务持续计划（BCP）的概念（突发事件型）

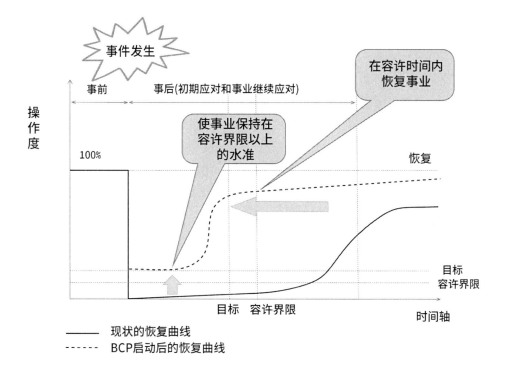

(出处) 日本内阁府《业务持续指南第3版》

在无法采取任何措施的情况下，企业一旦遭遇大灾害，就需要花费大量时间去恢复，业务不得不中断。如果恢复业务的时间超出了限定的时间范围，原贸易伙伴已将贸易关系转移到其他企业，即使业务恢复，也难以回到发生灾害前的水平。

BCP的重点事项如下。①确定核心业务。发生紧急事件时，需要将有限的人员、设备与资金运用到核心业务上。②设置"恢复时间目标"。在考虑交易对象的情况的基础上，设定发生紧急事件后恢复核心业务所需的时间目标。③事先与交易对象商讨，共同确定核心业务与恢复时间目标。发生紧急事件时，应尽快与交易对象取得联系。④事先掌握紧急状态下物资或人员等要素的调动方法或替代方案。

无论是防灾计划或灾害对策，还是BCP，都是对自然灾害（地震、风灾、水灾）或大规模事故、流行病等紧急事件的管理。防灾计划或灾害对策是以保护生命与财产为目的，以事故发生后的即时对应为中心的对策，而在此基础上，BCP更侧重于快速恢复重要且优先度高的业务。防灾计划因阪神大地震（1995）而快速渗透，BCP则因在美国发生的短时多起恐怖袭击（2001）开始被使用。

2005年3月日本经济产业省发行了《业务持续制定指南》，此后，各个政府机关也相继制定了各种公共业务持续制定指南（详情请参考内阁府主页）。

表7　各政府机关制定的业务持续计划指南的概要

名　称	制定年月	制定主体	风险对象
业务持续计划制定指南	2005 年 3 月	经济产业省	无特定风险对象。列举的案例包括大规模系统障碍、安全事故、信息泄漏、篡改数据等。
业务持续计划制定指南	2005 年 8 月	内阁府	风险对象不限。是与业务持续全过程相关的指导。
业务持续指南——以提升我国企业的减灾与灾害对应能力为目标	2005 年 10 月	中央防灾会议	无特定风险对象，但侧重于地震风险。
中小企业BCP制定与运用指南——以应对紧急事件为目标	2006 年 2 月	中小企业厅	无特定风险对象。列举的案例以地震为主，还包括风灾、水灾、火灾与集体感染。
建筑公司灾害后业务持续简易指南——业务持续计划（BCP）的制定与实施	2007年 12 月	国土交通省关东地区整备局	首都直下型地震。以建筑公司为对象。
IT业务持续指南	2008 年 9 月	经济产业省	IT业务的中断、停止。
职场新型流感措施指南	2009 年 2 月	新型流感与禽流感相关省厅对策会议	新型流感

(出处) 日本内阁府资料

英美各国也陆续发布了以ISO等为中心的业务持续管理标准。

5. 业务持续管理

业务持续管理（Business Continuity Management; BCM）是指以保证业务的持续性为目标的管理手段。对于贸易伙伴来说，企业的业务持续性是指持续地提供产品或服务，而对于企业来说，是指持续雇佣。BCM与企业的社会责任（CSR）紧密相关。BCM不是一项计划，而是一种日常管理活动，实施的内容包括BCP的制定、维持与更新，保证业务持续所需的预算与资源，事前对策的实施，教育、训练的实施，定期检查，与持续改善等。ISO 22301在2012年发布了业务持续计划的国际标准。

近年，为了提高生产效率，企业或组织趋向于分工化与外包化，与提供原材料、生产部件、装配、运输、贩卖等相关的外包企业受灾时，供应链中断，对许多企业造成影响。例如，2007年7月16日发生的最大震级为6级的新泻中越地震中，在柏崎市拥有两家工厂的企业RIKEN受灾，生产设备损坏，至同年7月22日为止都无法作业。活塞环是汽车引擎的重要零件，作为日本国内最大的活塞环制造商，RIKEN占据了国内50%的市场份额。由于RIKEN停止提供活塞环，日本国内的8家汽车制造商也停止了生产。但是，因为得到了各个贸易伙伴——汽车制造商的援助，RIKEN在灾害发生一周后就重新开始生产，两周后生产线全面恢复。

供应链管理（Supply Chain Management; SCM）是一种构成供应链的所有企业结为一体，追求经营效率的经营管理手法。构成供应链的其中一家企业的业务中断，将导致其他企业的业务中断，因此，需要构成供应链的所有企业同心协力，建立BCP。

此外，虽然BCP与紧急对应计划（Contingency Plan; CP）一样，找出可预估的紧急事件，事先制定应对计划，但BCP是从业务持续性的观点出发，找出应该持续的业务，针对这些业务将计划具体化。而CP是以紧急事件发生后的对应为重点，目标是将损失最小化。

再者，在危机管理中制定的危机管理计划（Crisis Management Plan; CMP）与BCP都属于危机发生时的对策，但也有所不同。BCP是在特定的危机发生时，使重要业务能在目标时间内重新开展的行动计划。这里的"特定的危机"是指，例如"由于地震，交易数据丢失"或"由于传染病扩散，持续一周内可以出勤人员达到50%以下"这一类具体的危机。BCP中的内容将根据特定的危机进行分类，例如地震、传染病等。

而CMP是在遭遇危机时，以对组织的伤害最小化为目的，覆盖紧急事件发生后到事态平息全过程的计划。CMP很少将行动计划限定于特定的危机与特定的时点，其行动计划一般针对多种危机与较长的期间。CMP中也会包含BCP中没有预估到的风险，是针对组织危机的全面对策。

第3章　会计舞弊与企业风险管理

美国为了防止会计舞弊的频频发生，制定了《SOX法案》。日本受到该法的影响，也制定了"日本版SOX法"，即《金融商品交易法》。

《公司法》也对内部统筹体制的整顿提出了要求，这些措施提高了企业风险管理的重要性。本章将对会计舞弊对企业风险管理造成的影响进行概述。

1. 会计舞弊频发

(1) 安然事件

安然公司（Enron Corporation）是一家能源公司，由肯雷（Kenneth Lay）在1985年将位于得克萨斯州休斯顿的休斯顿天然气公司（Houston Natural Gas）与位于内布拉斯加州的英特北（InterNorth）合并而成。在1980年代的美国，里根总统大幅放宽了对能源市场的管制，能源期货，能源的远期交货合同得到承认。在这样的环境中，安然公司在1980年代末期，在经营传统的天然气贩卖与运送业务的基础上，积极参与金融衍生产品交易，成为了现金流量管理的尖端企业。

1990年，日后成为了安然公司CEO的顾问杰弗里·斯基宁（Jeffrey Skilling）被录用，他将商业模式由物理性的能源工厂转变为基于信息的交易，例如将大宗合约作为金融衍生品进行分割并出售。杰弗里·斯基宁为安然公司的天然气与电力的业绩达到行业顶峰作出了巨大贡献，2001年2月12日，他成为了安然公司的CEO，年薪为1亿3200万美元。

安然公司对美国证券交易委员会（Securities and Exchange Commission; SEC）进行了游说，成为了第一家非金融，但被允许使用市值计价法（Mark-to-Market Method）来对长期契约的首年度利润进行计算的公司，并以预测的市场价值来对将来的利润进行了预测。

该公司从1990年代初期开始利用市值计价会计方法来伪造销售额与利润。1990年代后期，利用金融衍生品进行等量的电力买卖交易，使得虽然实际的电力交易量为零，但账面上的销售额高于实际销售额（循环交易）。

原首席财务官（Chief Financial Officer; CFO）费斯托（Andrew Fastow）为了掩饰不正当行为，将交易亏损作为账外损失计入不合并子公司（特殊目的实体; SPE）。安达信公司（Arthur Andersen & Co）却未向投资者们揭示此事。

安然公司也是天气衍生品的先驱者。1990年代，由于美国电力价格自由化，价格竞争变得尤为激烈，在电力公司中产生了收益变动的风险。例如，在气温较低的夏日，由于冷气使用频率的减少，电力的消耗也随之减少。在较为温暖的冬天，由于暖气使用频率的减少，天然气的消费量也随之减少。虽然保险公司提供了应对此类风险的保险，但由于损害发生后的调查较为繁琐，对契约中的承保内容的解释较为困难，存在一些问题。

因此，安然公司针对天气带来的收益变动风险，使用金融手段，开发出了对冲的天气衍生品，并于1997年与大型能源企业——科赫能源公司（Koch Energy Trading Inc.）之间签订了合约。合约规定：当气温低于平均气温时，安然公司向科赫能源公司支付1万美元/次，当气温高于平均气温时，科赫能源公司向安然公司支付1万美元/次[10]。1998年，安然公司在天气衍生品中获取的利润超过了整体利润的80%。

2000年，安然公司的年销售额达到1100亿美元，在全美排名第七位。2001年，安然公司已是拥有20000名职员的大型企业。《财富（Fortune）》将安然公司评为从1996年到2001年的6年间美国最具创新精神公司（America's Most Innovative Company）。

由于被评选为优良企业，安然公司的每股价格在2000年8月就超过了90美元。经营者向投资者们鼓吹，该公司的股价将持续上涨，达到130美

---

10 Houston Business Journal (November 21, 1999) (http://www.bizjournals.com/houston/stories/1999/11/22/story7.html)

元，甚至140美元。但是，知晓隐瞒损失这一内部情报的经营者们，早已开始大量卖出手中的安然股票。2001年10月17日，华尔街日报报道了安然公司有会计舞弊嫌疑一事，该公司的股票大跌，证券交易委员会（SEC）开始介入调查。2001年10月，安然公司的每股股价已跌至20美元以下，仍有许多分析家推荐购入该公司股票。但是，由于该公司收益恶化，评级机构下调了其等级，2001年11月末，安然公司的每股股价低于1美元，购入该公司股票的投资者们蒙受了大额损失。

2001年12月2日，安然公司正式向法院申请破产保护。当日，该公司的股价为每股26美分。当时该公司的总资产为634亿美元，负债总额为310亿美元，包含表外负债则超过400亿美元。在2002年7月世通公司（WorldCom）破产前，安然公司的破产时美国历史上规模最大的破产案件。

2006年10月23日，该公司的原CEO杰弗里·斯基宁在得克萨斯州的联邦地区法院因欺诈和内幕交易被判处约4500万美元的罚金与为期24年4个月的有期徒刑。而身为创立者的肯雷同样被判有罪，2006年7月5日，时年64岁的肯雷因心脏病发去世。2006年9月26日，休斯顿联邦地区法庭对首席财务官费斯托（Andrew Fastow）作出了6年监禁，2年监外执行的判决。负责安然公司审计业务的安达信公司[11]也被地方法院判决为有罪，虽然最高法院推翻了这一点，安达信仍因信用破产失去了大批客户。

(2) 世通事件

世通公司（WorldCom）曾是销售额352亿美元，职员85000人，仅次于AT&T的美国第二大电信公司[12]，并在1998年，以当时美国史上最高金额——370亿美元收购了当时排名第四的MCI（Microwave Communications, Inc.）。世通公司的在上世纪90年代的吸收合并中逐

---

11 安达信公司（Arthur Andersen & Co.）1913年创立，是美国境内强有力的品牌，曾是世界五大会计师事务所之一。在安然事件中，管理层曾发出销毁本公司的内部资料的指令，被发现后，以妨碍公务的名义获罪，但在上诉中该判决被撤销。

12 1983年，世通公司的前身LDDS（Long Distance Discount Service）创立，布纳德·埃伯斯在1985年被任命为CEO。1995年公司更名为LDDS WorldCom，1998年收购MCI后又更名为MCI WorldCom，2000年4月定名为WorldCom。

渐壮大，该公司的原CEO布纳德·埃伯斯（Bernard Ebbers）秉持着"不需要现金。只要保持高股价，就能买下比自己更大的公司"这一经营理念。世通公司以换股的方式，收购了75家公司。

但是，由于MCI业绩不佳，且IT泡沫破灭，世通公司的股价持续下跌。埃伯斯于2002年4月末辞任，继任的是约翰·斯基莫（John Sidgmore）。

2002年6月，由辛西亚·库珀（Cynthia Cooper）带领的内部审计团队在定期的会计审查中发现了约38亿美元的财务造假，他们立即向该公司内的独立机构——调查委员会报告了此事。辛西亚·库珀在该事件中被赞勇气可嘉，并因此被《时代（Time）》评为2002年年度人物。

原CEO约翰·斯基莫在2002年6月25日解雇了当时的CFO斯考特·沙利文(Scott Sullivan)。"长达15个月的财务造假，虚报了38亿美元的利润"一经发布，该公司的股价开始急速下跌，1999年6月每股股价64.5美元的股票到了2002年7月1日，只值6美分。证券交易委员会（SEC）在2002年6月26日开启了对该公司的调查，2003年，SEC公布了该公司的资产虚增额高达110亿美元的调查结果。

该公司财务造假的主要方法是，将应计入费用的线路成本，计入资产中。例如，想要在一栋已有其他公司铺设了光纤的大楼中提供通讯服务，就需要向先行铺设的公司进行线路租赁。这样的线路成本本应计入费用中，但世通公司将其计入了投资资产。

2002年7月21日，世通公司向纽约联邦破产法庭提交了破产保护申请。该公司的资产总额为1038亿美元，几乎是安然公司的634亿美元的两倍，负债总额高达410亿美元，是当时美国历史上规模最大的破产事件。该记录一直持续到2008年9月，负债总额达到6130亿美元的雷曼兄弟（Lehman Brothers）破产事件打破了该记录。

2005年3月15日，该公司的原CEO埃伯斯因欺诈、内部交易以及向管理当局提交伪造文书等罪名，被判处25年监禁。2005年8月11日，原CFO斯考特·沙利文被判处5年监禁。

(3) 蟑螂理论

如果你在一个区域内发现了一只蟑螂，那么这个区域内蟑螂的数量远远超出你想象。由此而来的蟑螂理论（Cockroach Theory）是指，一旦企业爆发出恶性事件，意味着背后可能隐藏着更多的问题。这个理论也可以理解为，当你发现一只蟑螂时，其实有三十只蟑螂存在，也就是说，当你发现一个问题时，背后可能存在30倍以上的问题。

例如，前述的安然事件被揭发后，世通公司的会计舞弊行为也被曝光。2007年2月，次级抵押贷款公司——新世纪金融公司（New Century Financial Corporation）因借款人无法偿还债务而产生了流动性问题。这是由于次贷问题导致流动性问题的众多公司中的首例。也就是说，一家次级抵押贷款公司的财务问题（一只蟑螂）的暴露，表明了同一行业的其他企业中可能也存在同样的问题。

根据该理论，当一家企业的恶行事件被知晓，投资者会预测同一行业的其他企业也将发生相同事件，导致对该行业的投资欲望减弱，企业的股价下跌。例如，当一家企业出现会计舞弊行为时，监管机构会为了防止更多的舞弊行为，对其他企业也进行检查，投资者们因担心其他企业的舞弊行为被曝光而股价下跌，会出售股票，退出金融市场，致使股价暴跌。经历过由会计舞弊导致的股价暴跌的投资家们会在市场稳定下来之前对股票交易持观望态度。事实上，从2001年12月末安然公司申请破产保护到2002年7月21日世通公司提交破产保护申请的七个月间，道琼斯指数下跌了22.3%[13]。

2. SOX法案

《SOX法案》是美国在2007年7月，为了防止投资者因会计舞弊遭受损失而制定的联邦法案。该法案由上院议员保罗·萨宾斯（Paul Sarbanes）和下院议员迈克·G·奥克斯利（Michael G.Oxley）共同提

13　2001年12月末时为10021.57美元，2002年7月21日WorldCom进行破产保护申请时为7784.58美元。

出，因此也被称为萨宾斯-奥克斯利法案（Sarbanes‐Oxley Act）。该法案的全称为《Public Company Accounting Reform and Investor Protection Act of 2002：2002年公众公司会计改革和投资者保护法案》。

《SOX法案》被认为是继1933年联邦证券法与1934年联邦证券交易法颁布以后，金融业法律的一项重大变革。该法案不仅适用于在美国证券市场上市的企业及其子公司，也适用于在美国证券市场上市的外国企业。

该法案的主要内容如下。

一、要求上市公司的CEO与CFO保证财务报告内容的真实性，明确民事责任。该法案第302条款要求CEO与CFO在年度报告和季度报告中署名，并对以下内容作出宣誓。①署名的人已阅读该报告。②报告中不存在任何虚假信息与遗漏，也不包含容易招致误解的成分。③财务报表等财务信息公允地反映了企业的财务状况与经营业绩。④CEO与CFO承担内部控制的确立与维持相关责任。设计内部控制结构，在结算日的90天内对内部控制的有效性作出评估。⑤向审计人员和审计委员会报告与内部控制的设计与运用相关的缺陷。⑥向审计人员和审计委员会报告管理者或在内部控制中有重要作用的职员的不正当行为。

二、企业有提交内部控制报告书（Internal Control Report）的义务。该法案第404条款要求在《管理层内部控制评价（Management Assessment of Internal Controls）》中，除了提交给SEC的《年度财务报告》外，还要提交一份《内部控制报告书》，其中必须包含管理者在与财务报告相关的内部控制结构的建立与维持中担负的责任，以及管理者对该内部控制有效性评价的结果。而且，对该公司进行监督的审计人员有对《内部控制报告书》中所记载的内部控制结构进行审查与报告的义务。

三、如有故意违反法律的情形，CEO与CFO将受到刑事处罚。该法案第802条（a）对篡改文书的行为有以下规定：以妨碍为目的，篡改、废弃、截取、藏匿、不正当地填写记录、文书或有形资产，对司法机关和诉讼造成影响者，处以罚款或20年以下有期徒刑或两者皆有。第906条（c）财务报告中企业的责任（Corporate Responsibility for Financial Reports）中，对虚假申报财务报表的刑罚作出了规定。如果在提出的材料中有不实的记载，将追究CEO（Chief Executive Officer）[14]与CFO（Chief Financial Officer）[15]的个人责任。如果CEO或CFO事先已知晓报告中有不恰当的内容，处以100万美元以下的罚款和/或10年以下有期徒刑，如果故意进行虚假申报，处以500万美元以下的罚款和/或20年以下有期徒刑。

3. 公司法

2005年，日本将包含了与公司的设立等相关规定的《旧商法》、《有限公司法》，《商法特例法》合并为《公司法》。《公司法》适用于所有公司，其中规定了公司必须具有完备的内部控制。该法中并未使用"内部控制"一词，取而代之的是"确保董事履行职责时符合法律法规，保证股份制企业运作的适当性的体制"，完备该体制是企业的义务。根据《公司法实施规则》第98条与第100条，"法务省制定的保证运作适当性的体制"的具体内容如下。

① 保存与管理董；事履行职责相关信息的体制
② 管理损失风险的体制
③ 确保董事能高效地履行职责的体制
④ 确保雇员履行职责时符合法律法规的体制
⑤ 确保该股份制企业以及其与母公司、子公司构成的集团的运作适当性的体制

14　美国企业是所有权和经营权分离，代理所有者（股东）的董事会任命并监督执行业务的人员。该执行人员的最高职位是CEO。在1990年代的美国，机构投资家等公司外董事占据董事数量的大部分。董事会会长兼任CEO的情况也多了起来。由于权力向CEO集中，这样的经营模式被指出存在监督经营的董事会会长原本的功能没有得到充分发挥的危险性。

15　CFO（Chief Financial Officer）是首席财务官。是企业金融战略的建立和执行的最高责任担当者。在美国的上市企业中，CFO是仅次于CEO的重要职位。

4. 日本SOX法案(金融商品交易法)

受到前述的美国SOX法案的影响[16]，2006年，日本修正了《证券交易法》，更名为《金融商品交易法》，2008年4月开始实施，"日本SOX法案"指的是《金融商品交易法》中的一部分规定。"日本SOX法案"的内容为，强化防止企业内部不正当行为的管理体制，评估管理体制的《内部控制报告书》需要与《有价证券报告书》一同，提交给内阁总理大臣（第24条第4款第4项）。

上市企业有撰写《内部控制报告书》，接受注册会计师与审计人员的监察（第193条第2款第2项），将记录有审计人员意见的《内部控制审计报告书》与《内部控制报告书》一同公示的义务。这样的制度被称为内部控制报告制度。参考美国SOX法案第302条的《管理者宣誓书》，"日本SOX法案"要求企业在提出《有价证券报告书》时需附加一份《管理者适当性确认书》。如《内部控制报告书》中有不实记载，将需承担该法中规定的民事责任（第24条第4款第6项，第22条）。

不提交或提交了虚假信息时，个人将被处以5年以下的监禁或最高500万日元的罚款，法人则面临最高7亿日元的罚款（第197条第2款第5、6项，第207条第1款），可并罚。

由于内部控制审计与财务审计由同一审计人员负责，审计人员可以获取来自两方面的审计依据，并进行利用。原则上，《内部控制审计报告书》应与《财务报表审计报告书》一同编写。

5. 会社法和日本SOX法案

《公司法》适用与所有类型的公司，《金融商品交易法（日本版SOX法案）》则适用于上市公司。《公司法》以推进合规为主要目的，《金融商品交易法》将重点置于确保财务报告公示的适当性。

《公司法》与"日本SOX法案"都要求企业建立内部控制体制，但其

16　美国、英国、法国、韩国等国比日本更早实施。

目的与内容有所不同。《公司法》中的内部控制是为了使被股东委托经营的管理者们可以进行良好的经营。"日本SOX法案"中的内部控制则以保护投资者，确保财务报告的可靠性为目标。两者的主要不同点如表8所示。

表8 《公司法》与"日本SOX法案"中内部控制的比较

类别	《公司法》	"日本SOX法"（《金融商品交易法》）
对象企业	大公司以及设置了委员会的公司	上司公司与关联子公司
目的	确保业务适当性	确保财务报告书的可靠性
对象人物	董事会	管理者（该公司）
公示	《事业报告》	《内部控制报告书》
审计	审计人员、审计委员会	外部审计者（审计公司、注册会计师）
审计结果	审计报告书	内部控制审计报告书
刑罚	没有特别规定	没有提出内部控制报告书，或对内部控制报告书的重要内容进行不实记载时，个人将被处以5年以下监禁以及最高500万日元的罚金，法人将被处以7亿日元以下的罚金。

(出处) 参考各种资料作成

RISK MANAGEMENT

第4章　COSO的ERM框架

风险管理框架分为COSO的ERM框架和ISO的RM框架。本章将对COSO的ERM框架进行概述。

1. COSO的组建

1980年，财务造假导致企业经营不善的事件频频发生，为了应对该类事件，1985年6月，美国成立了全国反虚假财务报告委员会（National Commission on Fraudulent Financial Reporting）。初任委员会长由詹姆士·崔迪威（James C. Treadway、 Jr.）担任，所以该组织也被称为崔迪威委员会。该委员会由美国五大会计协会组成，即美国会计协会（American Accounting Association; AAA），美国注册会计师协会（American Institute of Certified Public Accountants; AICPA），财务经理人协会（Financial Executives International; FEI），内部审计师协会（Institute of Internal Auditors; IIA），管理会计师协会（National Association of Accountants）。

同年，为了协助崔迪威委员会，上述的美国五大会计协会组建了崔迪威发起委员会（Committee of Sponsoring Organizations of Treadway Commission; COSO），旨在提供与风险管理（Enterprise Risk Management），内部控制（Internal Control），保险欺诈防范（Fraud Deterrence）相关的意见[17]。

17　详情请参照COSO主页。

2. 内部控制框架

内部控制（Internal Control）是以确保企业业务合理性为目的，建立于企业内部的制度，也被用于管理者监督员工的过程中。内部控制在财务会计领域被认为是以财务报告合理性为目的而展开的活动。1990年代，由于法规遵循，经营方针、业务规则遵守，经营以及业务的有效性和效率性的发展，其适用范围被扩大到风险管理等其他领域，并被认为是公司治理（Corporate Governance）的一种机制。

Corporate Governance通常被译为"公司治理"，是股东、银行、债权人、董事、员工等利益相关者以外部视点来监督企业活动，确保企业健全且有效率地发展的机制。因此，公司治理可以说是利益相关者与经营者之间的机制，而内部控制是经营者与员工之间的机制。

内部控制的国际标准也被称为"COSO报告"，具体内容载于 COSO发布的《内部控制整合框架（Internal Control-Integrated Framework(1992、2013年修正)）》（以下简称为"COSO报告"）[18]。

《COSO报告》是1987年，COSO结合了崔迪威委员会发布的《虚假财务报告（Report of the National Commission on Fraudulent Financial Reporting）》和相关意见编制而成，由执行摘要（Executive Summary）、框架（Framework）、对外报告(Reporting to External Parties)、评估工具（Evaluation Tools）四个部分构成。

COSO报告中的内部控制是企业日常经营活动中的一个流程,被定义为"为了能够对实现'业务有效性和效率'、'财务报告可靠性'以及'合规性'这三个目标提供合理保障，由董事会、管理层以及企业内部其他成员实施的流程"。内部控制有五个组成部分:控制环境、风险评估、控制活动、信息和传输以及监控活动。

在COSO的内部控制框架 （2013年）中，内部控制目的之一的"财务报告可靠性"变更为"报告"，被添加到财务报告中。"内部报告"与近年来重要性逐渐凸显的"非财务项目（Non-Financial Reporting）"也都

18　《Internal Control － Integrated Framework》是委托古柏斯·赖布兰德事务所（现普华永道）作成的

被纳入财务报告的报告对象范围内。此外，COSO提出了17项原则，来作为实现有效内部控制的判断指标。

COSO报告中的内部控制框架如下图所示。

图7　COSO的内部控制框架（2013）

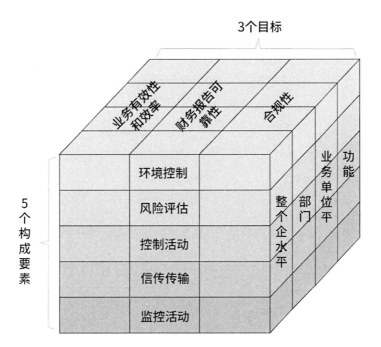

(出处) COSO

日本在COSO内部控制框架的"三个目标，五个构成要素"基础上，各加入一项，形成了"四个目标，六个构成要素"的内部控制框架[19]。具体来说，为了消除在资产购置、储存、清算中的不正当行为，在目标中加入了"资产保全"；由于在企业中IT日益重要，在构成要素中加入了"IT对策"。

日本的内部控制框架如图8所示。

19　企業会計審議会内部統制部会「財務報告に係る内部統制の評価及び監査の基準のあり方について」2005年12月8日，pp.3-4　企业会计审议会内部控制部门会议"关于有关财务报告的内部控制的评估和监察的基准"2005年12月8日，pp.3-4

图8 日本内部控制框架

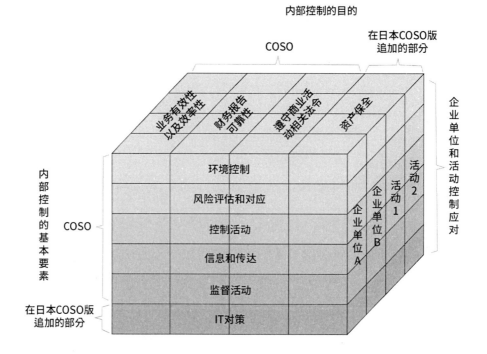

(出处) 日本金融厅

日本内部控制框架的四个目标是指：业务有效性和效率、财务报告可靠性、遵守与业务活动有关的法律和条例以及资产保全。 日本内部控制是公司内所有员工为实现这四个目标而实施的过程，包括六个组成部分：环境控制、风险评估和响应、控制活动、信息和传达、监控、 IT对策。

日本内部控制框架中的内部控制目的如下。

① 业务有效性以及效率性

日常业务以在有效且高效的机制中实现商业活动为目标。

② 财务报告可靠性

确保财务报表和以及可能对财务报表产生重大影响的信息的可靠性。该机制为企业的利益相关者提供可靠的财务报告。

③ 遵守商业活动相关法令

商业活动相关法令将促进企业遵守独自设定的准则以及其他规定。

④ 资产保全

资产的取得和使用以及处置要在经过批准后以正当手续进行，确保资产完整性。

日本内部控制的6个基本要素如下所示。

⑤ 环境控制

环境控制决定了组织的风气，影响组织内所有人员对控制的意识，弱化其他基本要素的根基，从而影响其他基本要素，例如，公司的诚实度和伦理观、经营方针以及经营战略、企业组织结构和例行规章。

⑥ 风险评估与应对

这是通过识别，分析和评估影响组织目标完成的风险，从而进行应对的过程。

⑦ 控制活动

这是为了确保经营者的命令和指示得到正确执行而制定的方针和手续。

⑧ 信息和传达

确保能够被识别，掌握和处理必要信息，并且能够正确传达给到组织内外的利益相关者。

⑨ 监控

这是持续得监控以及评估内部监控有效性的过程。

⑩ IT对策

为了使内部控制能够有效和高效地运作，对于业务中包含的IT，需制定相应的方案和步骤，以确保在业务进行中也能够适当应对。

3. COSO-ERM的框架

(1) COSO-ERM框架的制定

2001年，COSO委托普华永道（Pricewaterhouse Coopers）建立一个能够持续评估和改善整个企业组织的风险和机会的框架。其研究结果被记载于名为《企业风险管理-整合框架（Enterprise Risk Management-Integrated Framework，以下简称"COSO ERM"）》的报告书中，该报告于2004年9月发布，与1992年发布的《COSO报告》相隔12年。

COSO的内部控制框架和ERM框架如图9所示。

图9　COSO的内部控制框架和ERM框架

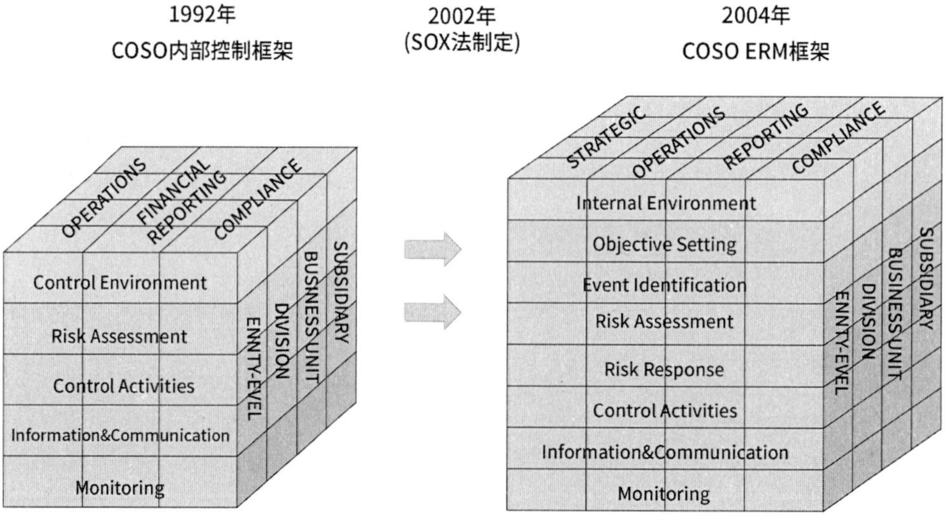

(出处) COSO

如图9所示，在2002年制定SOX法案后,COSO于2004年将1992年的内部控制框架变更为ERM框架。这就产生了"2002年SOX法案中要求提交的内部控制报告书是否要根据2004年制定的ERM框架进行编写，并接受审计"的问题。针对这一疑问，COSO在官网的FAQ[20]上作出了说明：这两个框架是独立的，基于原有的内部控制框架编制SOX法案中要求提出的内部控制报告书也可以满足需求。换言之，COSO的ERM框架并不是代替1992年的内部控制框架，而是扩大了内部控制框架的范围。

(2) COSO-ERM的定义

在COSO ERM框架中，ERM的定义如下[21]。

"ERM是一个管理流程，其受企业的董事会、管理者和其他组织内成员影响，适用于企业的战略制定，并应用于整个企业，旨在识别可能影响企业的风险，根据企业风险偏好设计风险管理方案，为企业的目标实现提供合理的保障。"

根据ERM的定义，应注意以下几点：

① 持续且贯穿整个企业（A process, ongoing and flowing through an entity）。

② 受到组织内所有成员的影响（Effected by people at every level of an organization）。

③ 适用于战略制定（Applied in strategy setting）。

④ 适用于整个企业的各个层面与单位，包括采用企业层级的风险组合观点（Applied across the enterprise, at every level and unit, and includes taking an entity level portfolio view of risk）。

⑤ 旨在识别影响企业的潜在风险并在企业的风险偏好范围内进行风险管理（Designed to identify potential events that, if they occur, will affect the entity and to manage risk within its risk appetite）。

⑥ 能为企业的管理层和董事会提供合理的保证（Able to provide

20　参照《COSO Enterprise Risk Management – Integrated Framework Update Project Frequently Asked Questions （FAQ）》的第8号和「COSO Internal Control-Integrated Framework Frequently Asked Questions （May 2013）」的第8号

21　COSO, Enterprise Risk Management — Integrated Framework, September 2004.

reasonable assurance to an entity's management and board of directors）。

⑦ 从一个或多个分开但重叠的方面实现目标（Geared to achievement of objectives in one or more separate but overlapping categories）。

(3) COSO-ERM的特征

"COSO内部控制"有三个目标和五个基本构成要素。"COSO ERM"有四个目标和八个基本构成要素。"COSO ERM"的框架相比较于内部控制框架而言，在目的方面追加了"战略"，在构成要素中增加了"目标设定"。"COSO内部控制"的3个目标是指"业务有效性以及效率性"、"（财务）报告的可靠性"和"遵守商业活动有关的法律和条例"，"战略""COSO ERM"的第四个目标。"COSO内部控制"的五个构成要素分别是"环境控制"、"风险评估和应对"、"控制活动"、"信息和传达"、"监控"。而"COSO ERM"的八个构成要素是指"内部环境"、"目的设定"、"事件识别"、"风险评估"、"风险应对"、"控制活动"、"信息和传达"和"监控"。

COSO ERM的目的和构成要素如图10所示。

图10 COSO ERM的目的和构成要素

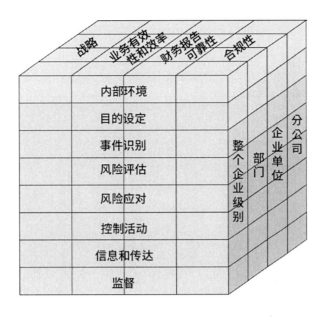

(出处) COSO

　　在COSO ERM框架中，ERM的目标和为实现目标所需要的ERM构成要素之间的关系通过三维立方体表示。其中四个目标列示在垂直行列中，八个组成部分被表示于横向行列中，而实施的组织单位显示在三维立方体中。

　　COSO内部控制中"财务报告"是核心，而COSO ERM中"管理"是核心。此外，COSO内部控制是为实现业务目标而提供"合理保证"的过程，但COSO ERM在"合理保证"的基础上添加了"风险管理"。COSO内部控制中没有风险偏好的概念，COSO ERM引入了"风险选好"的概念。

　　COSO内部控制只考虑了"发生损失风险"，COSO ERM既考虑了消极的"发生损失风险"，也考察了"获取收益机会"这一积极的方面。COSO ERM框架中，"风险"被界定为"对组织目标的实现产生负面影响的可能性事件"，积极影响则被归类于"机会"。"财务报告可靠性"是COSO内部控制的主要目的，但在COSO-ERM中，由于"战略"才是主要目的，所以战略实施当中，排除不确定性变得十分重要。COSO-ERM涵盖企业整体，包括子公司和海外分公司，也就是整个企业集团。另外，ERM是一个管理风险，为实现业务目标而提供合理保证的流程。

COSO-ERM的特征如下：①适用于整个组织，董事会、经营者、从业员都能参与其中。②与经营不可分割，适用于事业战略制定，以实现企业的业务目标（增加企业价值）。③可识别影响组织的事项。④在企业的风险偏好范围内进行风险管理。

在COSO-ERM的框架中，四个目标中各分为八个组成部分。如果能够正常运作，可以合理保证ERM的四个目标的实现，并将企业风险控制在风险偏好的范围内。

(4) COSO-ERM的范畴

在COSO ERM中，应该实现的业务目标被划分为四类："战略目标"（能够支撑企业任务并与之联动的高级目标）、"业务目标"（有效和高效地使用资源）、"报告目标"（报告的可靠性）、以及"合规目标"。

企业的任务和远景是企业存在的最高意义，在四个目标中战略目标是首位。因此，应先设定了战略目标和实现战略目标的具体策略，再确定与业务，报告和合规相关的目标。例如，如果任务是成为高级家电用品的大企业，为了达成任务，战略目标应为"市场占有率达到25%"。 为实现此目标，企业会制定增加代理店数量等战略，并设定相关目标。"报告"和"合规"这两个目标针对的是企业管理范围内的事项，但是"战略"以及"业务"目标的实现要考虑外部事项的影响。

(5) COSO-ERM的构成要素

COSO-ERM并不是一个"其中的要素只会影响下一个要素"的严格且连续的流程。ERM中几乎所有的要素间都存在相互影响，且这些影响可能是多层面并且反复的。

COSO-ERM的八个组成要素如下所示：

① 内部环境（Internal Environment）

内部环境构筑了企业成员如何理解和应对风险的基础，包括风险管理的思考方式、风险偏好、诚信、伦理观以及成员们所处的业务环境等。

② 目标设定（Objective Setting）

根据COSO-ERM明确应该达成的目标，并使经营、业务、和战略等目标与之相符。ERM确保了所选目标符合企业任务的方向，并与风险偏好保持一贯性。

③ 事件识别（Event Identification）

应将影响目标实现的事项识别为风险或机会，并将事业机会反馈到管理层的战略和目标设定的过程中。

④ 风险评估（Risk Assessment）

分析和评估风险的发生的可能性和影响度。其风险应在固有基础和残存基础上进行评估。

⑤ 风险应对（Risk Response）

指选择风险对策的活动，例如规避风险、降低风险以及风险分担等。该活动应在考虑企业风险承受度和风险偏好的基础上进行。

⑥ 控制活动（Control Activities）

为了保证风险对策的有效实行而制定以及实施的方针。

⑦ 信息和传达（Information and Communication）

指相关信息能被识别，捕捉，并且通过成员能够履行其自身职责的形式和时间框架进行传达、广义上是指有效的沟通能够从企业上层传到底层，在任何一个方向，包括水平方向，都能被传达。

⑧ 监控（Monitoring）

ERM是被整体监控的，并根据需要进行修正。监控是通过持续的经营活动，独立评估或者两者同时的方式实施的。

(6) COSO-ERM的有效性与界限

COSO-ERM 的有效性判断标准是，是否存在八个组成要素，且该要素是否正常运行。 因此，组成要素的存在是确定有效 ERM 的第一阶段的重要基准。如果组成要素存在并正常运行，则可认为风险被控制在企业的风险偏好范围内。这八个组成要素虽然并非在所有企业中都以同样的方式运行，但只要每个组成要素都存在并正常运行，即使是小型企业，也可以有效运行ERM。

COSO-ERM的界限是由以下原因造成的。这些原因阻碍了董事会或管理层提供实现业务目标的保证。具体而言，①在决策中可能存在错误的人为判断。②选择风险对策时不得不考虑收益和成本。③人为事故。④两者或两者以上的成员共谋，逃避控制。⑤管理层无视ERM的决策。

4. COSO-ERM (2017)

(1) 概要

COSO于2017年9月6日发布了ERM框架（2004）的修订版[22]。其修订的理由是为了应对科技的发展和商业全球化的推进背景下的风险的多样化，复杂化以及新风险的出现。此外，由于对ERM存在各式各样的误解，COSO-ERM框架（2004）作为关于风险管理的世界标准还没有得到渗透和确定。这样的误解包括：①ERM是一个职能或部门。②ERM是风险总览表。③ERM以内部控制为对象。④ERM是一个检测表。⑤ERM不适用于中小企业。这都是管理层对ERM敬而远之的原因之一。

在COSO-ERM（2017）中，ERM被定义于"为了创造、维持、实现组织价值，讲战略制定与实行一体化的文化、能力与实务"。但在COSO-ERM（2004）中，ERM被定义为一个"流程"，换言之，在COSO-ERM（2017）中，ERM的概念从"过程"扩大到了"文化"、"能力"、"实务"。

COSO-ERM（2017）描述了经营战略制定过程中ERM的框架，以便明确风险、战略、绩效之间的关联性，如11图所示。

22　时隔20年，2013年COSO对"内部控制框架"进行了修订，作为后续项目，对"ERM框架"也进行了修订。普华永道的项目团队收到来自COSO的委托，进行了修订工作，于2016年6月公布了草案，并在2017年公布的修订案中采纳了来自社会公众的意见。

图11 ERM的基盘（战略的地位）（COSO-ERM 2017）

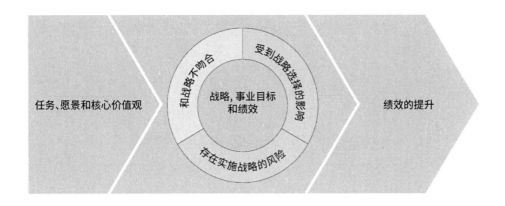

(出处) COSO《Enterprise Risk Management – Integrating with Strategy and Performance》（2017年6月）

COSO-ERM（2017）从三个不同的视点探讨了战略。第一，战略和企业目标可能与企业任务、愿景以及核心价值观不吻合。企业任务是企业的核心目标，能够明确企业想要达成的目标以及企业的生存意义。愿景是企业想要实现的长期目标。核心价值观是一种影响组织行动的，与善恶以及能否被接受相关的企业信条和理念。第二，受到战略选择的影响。第三，存在实施战略的风险。COSO-ERM（2017）将这一系列的经营战略制定的流程作为"ERM的基础"，并在此基础上构建ERM的框架。

ERM框架由五个组成要素和二十个原则形成。组成要素、企业任务（Mission）、愿景（Vision）以及核心价值观（Core Value）之间的关系如下图所示。战略和目标设定，绩效以及评论和修正这三个"缎带"表示同一过程。统制能力和文化、信息、交流和报告这两个"纽带"则起到支援ERM的作用。

图12　COSO-ERM（2017）的框架

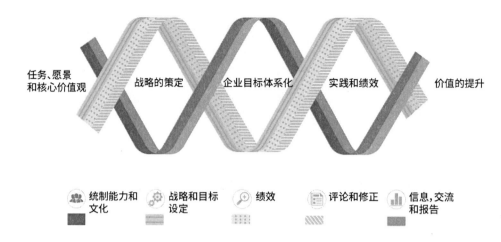

任务、愿景和核心价值观　　战略的策定　　企业目标体系化　　实践和绩效　　价值的提升

统制能力和文化　　战略和目标设定　　绩效　　评论和修正　　信息,交流和报告

(出处) COSO《Enterprise Risk Management – Integrating with Strategy and Performance》（2017年6月）

　　图12表明，在战略的制定，企业目标体系化，实践和绩效一致集成时，ERM能够提升企业价值。

　　五个构成要素如下所述。

① 治理能力和文化（Governance & Culture）

　　治理能力和文化是ERM的其他所有构成要素的基础。治理能力强调了ERM的重要性，确立其监督责任。文化则是体现在决策中。

② 战略和目标设定（Strategy & Objective-Setting）

　　ERM通过战略和企业目标的制定，统合企业的战略计划。组织根据选定的战略确定风险偏好。

③ 绩效（Performance）

　　在实施选定的战略时，应同时推进对目标达成有影响的风险管理核心过程，即"风险识别"、"风险分析"、"风险应对"以及"风险评估"。

④ 评价与修正（Review & Revision）

　　应该对风险管理活动是否顺利进行、是否达到其预期效果、战略制定时或目标和计划制定时，对比风险评价时的状况，是否发生了变化等内容进行评价和修正。

⑤ 情报，交流以及报告（Information，Communication & Reporting）

通过整个企业进行情报收集和共享。

五个构成要素中的二十个原则如下图所示。

图13　风险管理的原则（COSO-ERM 2017）

统制能力和文化	战略和目标设定	绩效	绩效	信息，交流和报告
1. 由董事长监视 2. 运营体制的确立 3. 定义目标文化 4. 对核心价值观的承诺声明 5. 吸引、确保和维护优秀的人才	6. 企业环境分析 7. 风险偏好定义 8. 替代战略的评价 9. 企业目标设定	10. 风险识别 11. 风险的重要度评价 12. 排列风险优先顺位 13. 风险应对的实施 14. 投资组合评价的作成	15. 对实质性变化的评价 16. 风险和绩效的皮国家 17. 追求完善ERM	18. 信息和技术的有效活用 19. 风险信息的传达 20. 风险,文化和绩效的报告

(出处) COSO 《Enterprise Risk Management – Integrating with Strategy and Performance》（2017年6月）

该原则表明了与各个构成要素相关的基本概念，并记载了ERM实务中实行的事项。

(2) 修订的主要内容

(a)风险的定义

在COSO-ERM框架（2004）中，风险被定义为"对完成组织目标产生的负面影响"，也被标记为活动（事项）。这些活动中，产生负面影响的事件归为"风险"，正面影响的归为"机会"。COSO-ERM框架（2017）不再使用活动（事项）这一词，而是把产生正面影响的"机会"和产生负面影响的"风险"都统称为"风险"。"风险"是指对企业战略以及商业目标达成造成影响的不确定性。COSO-ERM（2017）被认为与作为风险管理国际标准的ISO 31000并驾齐驱。

(b) 将风险与“战略”以及“绩效”相结合

ERM框架的标题为《企业整体风险管理——整合战略和绩效（Enterprise Risk Management – Integrating with Strategy and Performance）》，ERM强调战略和绩效的一体化。COSO-ERM框架（2017）对如何在战略制定或日常业务中作出与风险相关的有意义的决策、为了达成目标绩效要对风险把握到何种程度、以及如何处理这些风险是有效的等问题进行了解释和说明。

COSO内部控制中，含有法律要求实施的部分，在遵守法律的前提下，COSO-ERM（2017）将重点放在创造、维持以及提升企业价值上。

(c) 五个构成要素和二十个原则

COSO-ERM（2004）中有八个相互关联的组成部分，即①内部环境，②目标设定，③事项识别，④风险评估，⑤风险应对，⑥控制活动，⑦信息和传达，⑧监控，COSO使用与COSO内部控制框架立方体一样的形式将其表现了出来。

而COSO-ERM框架（2017）修正了构成要素，由五个相互关联的组成要素（①统制能力和文化，②战略与目标设定，③绩效（实行），④评价和修正，⑤信息，交流以及报告）组成的COSO ERM立方体图已被弃用。

COSO-ERM（2004）和COSO-ERM（2017）的构成要素的比较如下所示。

由于ERM 和商业实践的相互结合，被修正的信息和决策与提升绩效相关联。以价值为中心，创造、维持、实现价值。

表9　COSO-ERM(2004)与COSO-ERM(2017)の构成要素の比较

COSO-ERM(2004) 的八要素	COSO-ERM(2017)的五要素
内部环境	统制能力与文化
目标设定	战略与目标设定
事项识别	绩效
风险评估	
风险对应	
控制活动	由于是以COSO内部控制的实施为前提，在此省略
信息与传达	信息，交流与报告
监控	评论与修正

(出处) 参考各种资料作成

在COSO-ERM（2017）中，框架的表现方式也发生了较大变化。COSO-ERM（2004）使用了像鲁比克方块的六面体来表现框架的各个组成部分。为了完整地表现整个框架，COSO-ERM（2004）把ERM的活动目标设定为第一维，具体的八个组成要素设定为第二维，实施其目标和组成要素的单位设定为第三维。而在COSO-ERM（2017）中，多面体的框架已被移除，框架的表现方式被变更为上述的"ERM 的基础（战略的地位）＋五个部分＋二十个项目原则"。

(d) 风险容量

新的企业风险管理框架使用了风险容量（Risk Capacity）一词，指的是组织能够承受的风险总量的界限值。

风险概况（Risk Profile）是企业判断自身能够承担多少风险时的参考信息，体现了绩效和以该绩效为目标时产生的风险之间的关系。风险偏好（Risk Appetite）的直译是"对风险的食欲"，指的是"组织对风险的食欲的旺盛程度"。风险偏好描述了企业是以"高回报高风险"还是"低回报低风险"的态度面对风险。

风险概况、风险偏好、风险容量的关系如图14所示。

图14　风险概况、风险偏好、风险容量的关系

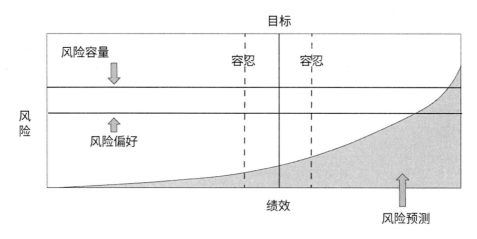

(出处) COSO 《Enterprise Risk Management – Integrating with Strategy and Performance》（2017年6月）

COSO-ERM（2017）的重点是，积极管理风险和绩效，提高战略达成可能性，风险如何统合到绩效当中。考虑到绩效偏差的容忍度，要从战略和商业目标的达成这一观点进行风险管理而不是针对个别风险。

(3) 与内部控制的关系

COSO-ERM（2017）是COSO内部控制框架的补充机制。虽然两者都使用了要素和原理这一构造，但是在COSO-ERM（2017）中，没有规定两者共同的内容。目标，是COSO-ERM（2017）与COSO内部控制框架的最大区别。COSO内部控制框架的目的是"遵守法律法规" COSO-ERM（2017）则致力于创造、维持、提升企业价值。例如，COSO-ERM（2017）中"风险偏好的设定"和"组织战略和目标的设定"的相关说明在COSO内部控制中并没有提及。以"法律法规的遵守"为主要目的的COSO内部控制中，由于"实施这样的行为是理所当然的事"，所以"遵守法律法规"并未纳入活动范围。

两者也有相同点。为了避免准则使用者的混乱，完全相同的条款会优先在COSO内部控制中列示，在COSO-ERM（2017）中则省略。在COSO内部控制中出现的"控制活动"便是如此。"控制活动"是指将制定好的

控制计划引入并落实的过程。例如，编制方针、说明书，并在此基础上开展业务。虽然是共同条款，在COSO内部控制中较被重视的内容会在该准则中得到更详细的说明。例如上述的"统制能力与文化"、"评价与修正"、"信息、交流与报告"等。COSO-ERM（2017）与COSO内部控制中没有任何一个包含了风险控制的所有内容，但可以根据需要分开使用这两部准则。

RISK MANAGEMENT

第5章　ISO RM框架

作为风险管理的国际标准，ISO发布了风险管理框架。 本章将对以ISO 31000为中心的风险管理框架进行概述。

1. ISO的成立与风险管理标准

国际标准化组织（International Organization for Standardization; ISO）成立于1947年，是总部设在瑞士日内瓦的民间非政府性质的国际组织，在除了电气部门以外的所有领域制定了国际规格和标准。每个国家只有一个组织能够参与其中，对日本工业标准（JIS）[23]进行调查和审议的日本工业标准委员会（JISC）[24]于1952年加入。

ISO标准包括质量管理体系标准ISO 9000系列和环境管理体系标准ISO 14000系列等。 ISO 9000系列是从产品设计和制造到检验的质量控制体系的认证，ISO 14000系列中，要求构建环境管理体系（Environmental Management Systems; EMS）的标准是ISO 14001。

作为风险管理标准的《ISO 31000：风险管理原则和指南（ISO 31000: 2009 Risk management – Principles and guidelines）》和风险管理术语的定义集"ISO Guide73"于2009年11月15日发布。 ISO 31000是基于日本、澳大利亚、新西兰、英国等国所使用的风险管理标

---

23 ＪＩＳ（Japanese Industrial Standards）（日本工业标准）是基于旨在促进工业标准化的工业标准化法（1949年）制定的国家标准。

24 日本工业标准委员会（Japanese Industrial Standards Committee，简称 JISC）是根据工业标准化法（1947年8月1日法律第185号）第3条第1项的规定，由经济产业省创设的审议会。

准创建的。RM体系标准JISQ 31000《风险管理原则和指南》[25]也紧随其后，于2010年9月21日发布。2018年2月，ISO发布了第二版ISO 31000《ISO 31000风险管理指南(ISO 31000：2018　Risk management - Guidelines）》。虽然ISO 31000：2018与ISO 31000：2009在总体上没有太大差别，但ISO 31000：2018中所使用的条款更通俗易懂，且明确规定了监管组织和高层管理人员的责任，可达到强化监管的效果。

ISO 31000：2018是涵盖了所有组织的所有风险的风险管理指导方针(Guidelines)。该指南与必须执行的标准或规范不同，只提供参考，不强制施行。

2. 风险与风险管理的定义

在ISO 31000：2018中，风险被定义为"不确定性对各个目标的影响"。因此，不仅是产生消极影响的风险（纯粹风险），可能带来积极影响的风险（投机风险）也被包含在风险管理对象范围内[26]。

ISO 31000中关于风险的定义不仅包括消极影响，还包括积极影响，因此ISO 31000适用于包括投机风险的所有经营管理。如果将风险限定于消极影响，那么风险管理将被局限于减少灾害风险和安全活动等纯粹风险对策中。"不确定性对诸目标的影响"将风险视为影响组织目标实现的因素，将风险管理定位为组织目标实现的辅助手段。

另一方面，ISO 31000的风险管理范围仅限于风险发生的事前对应，而风险发生后的危机管理（紧急对策）和业务持续管理（BCM）则不属于ISO 31000：2018的适用范围。

ISO 31000：2018强调了在不确定的情况下决策者和管理层的责任：管理层应确保以组织治理为首的风险管理在整个组织的活动中得到贯彻执

25　与以1995年1月以阪神淡路大地震为契机设立的风险管理体系标准检讨会相连续的风险管理标准委员会将危机管理扩展到风险管理，并于2001年制定了应用更广泛的《JISQ2001风险管理体系的构建指南》。伴随着JISQ 31000的生效，JISQ 2001被废除。

26　ISO／IEC Guide 73：2002中，风险被定义为"事件的发生概率和其结果的组合（combination of the probability of an event and its consequence）"，且只考虑消极结果。

行。再者，由于知识有限，管理层应将重点放在有效制定决策上。

在ISO 31000中，风险管理的定义是"与风险相关，指导和控制组织的协调活动"（Coordinated activities to direct and control an organization with regard to risk）"。虽然风险管理也适用于个人活动，但ISO 31000是以管理组织活动为目标编制的。

ISO 31000中没有对ERM进行定义，但由于其作为一个标准，适用于所有阶段的风险管理，也适用于企业的所有组织和风险，可以帮助企业建立ERM。

COSO ERM以企业整体的风险管理为目的，ISO 31000则提供了无论何种等级或规模的组织都适用的风险管理框架。此外，ISO 31000只是风险管理的指南，并非用于认证。ISO 31000中提到：应根据各个组织的情况运用该理念和方法。

3. ISO 31000体系

ISO 31000旨在提供一般概念，并没有将其运用限定在某一领域或者强制对象通过认证的意图。ISO 31000提供了一个"框架"和实现它的通用"流程"。

ISO 31000中的"原则（Principles）"、"框架（Framework）"和"流程（Process）"如图15所示。

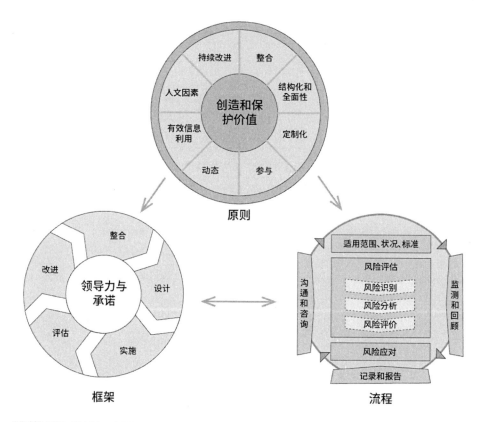

图15 原则(Principles)"、"框架(Framework)"和"流程(Process)"（ISO 31000：2018)

(出处) ISO 31000：2018

"原则"就像一个方针，表示无论在什么样的组织中实施风险管理时，都应该遵守的事项。ISO 31000：2018中记载的八个原则，如图15所示。

"框架（Framework）"是根据"原则（Principles）"建立的，以有效地管理"流程（Process）"为目的的运营管理体系，由组织整体的综合风险管理框架设计、风险管理实施、框架评估和改善组成。该框架旨在帮助组织将风险管理与重要活动整合。风险管理的有效性取决于组织的综合治理，包括决策制定。

"流程"是组织在该框架下日常进行的反复且持续的活动，也适用于企业决策。流程适用于企业的每个层级，当其适用于整个企业集团时，即为 ERM。

"框架"是指企业为了使"流程"与组织的经营理念、任务或中长期目标相匹配所进行的设计、引入或重新评估等活动。流程与风险管理的实施相关，包含了"使用范围、状况、基准"、风险评估（风险识别、风险分析、风险评价）、风险应对、监督评价、交流及协议、记录和报告等内容。

有些组织只有一个流程，有些组织则有多个。一些组织会根据风险类别（如品质风险、环境风险、业务持续风险、财务风险等）对流程进行分类，区分出多个流程。也存在一些组织不进行分类，只有一个流程。

4. 原则

ISO 31000：2018中的"原则"描述了为了实现有效的风险管理，组织应遵守的八个事项。风险管理的目的是创造和保护价值。它可以改善绩效，鼓励创新并帮助企业实现目标。此处所定义的原则为有效果且高效的风险管理的特性、价值的传达以及有关其意图和目的的说明提供了指导。原则是风险管理的基础，为建立组织的风险管理框架和流程提供参考。这些原则要求组织能够处理不确定性对诸目标产生的影响。

RM（ISO 31000：2018）的原则（Principles）如图16所示。

图16　RM的原则（Principles）（ISO 31000：2018）

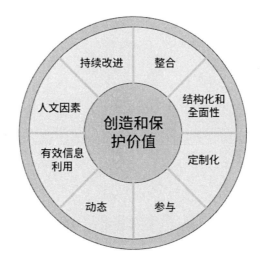

(出处) ISO 31000：2018

有效风险管理需要原则中的以下要素。

a) 整合 (Integrated)

   风险管理是所有组织活动的不可或缺一个组成部分。

b) 结构化和全面性 (Structured and Comprehensive)

   风险管理的结构化和全面风险管理有助于达成可持续且可比较的结果。

c) 定制化 (Customized)

   根据组织内外部环境定制和调整风险管理框架与流程。

d) 参与 (Inclusive)

   适当、及时的参与促使利益相关者重新审视自己的知识、观点和看法，进而提升意识，推进基于信息的风险管理。

e) 动态 (Dynamic)

   风险会伴随着组织内外部环境的变化产生、变化甚至消失，风险管理需要及时预测、检测、识别出这些变化和事件，并进行对应。

f) 有效信息利用 (Best Available Information)

   向风险管理体系内输入的信息是基于过去和当前的情报乃至对将来的预测所获得的。风险管理明确标示了与此类信息和预测相关的局限和不确定性。企业应确保利益相关方可以及时地获取明确的信息。

g) 人文因素 (Human and Cultural Factors)

   组织内成员的行为和文化极大地影响着各级、各阶段风险管理的各个方面。

h) 持续改进 (Continual Improvement)

   通过学习和经验不断改进风险管理。

5. 框架

ISO 31000中的风险管理框架具有以下特征。第一, 该风险管理框架的设计是在企业管理层的领导与保证下进行的。第二, 应按此框架来实施流程。第三, 该框架具有评估风险管理的有效性, 并根据结果不断改进框架的功能, 即PDCA。 此外, 风险管理框架并不独立于组织的整体经营, 而是整合于经营体系中。

RM的框架 (ISO 31000: 2018) 如图17所示。

图17　RM 框架 (ISO 31000: 2018)

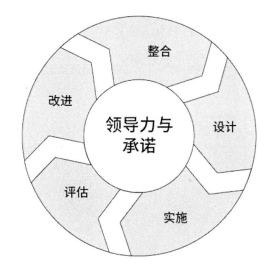

(出处) ISO 31000: 2018

领导力与承诺 (Leadership and Commitment) 明确了董事和高级管理人员 (例如总裁) 的责任。在之前版本 (ISO 31000: 2009) 中, 该责任的承担者只有"最高管理层", 但在2版中, 加入了"监督机构"。例如, 董事和最高管理层负有确立实施风险管理的方针、职能、权限与当责的责任, 最高管理层和监督机构应该认识到应把风险管理整合到所有的组织活动中。最高管理层负责实施风险管理, 监督机构负责监督风险管理。

整合 (Integration) 要求组织将风险管理活动与治理, 战略制定、战略执行、文化等结合起来。设计（Design）则要求企业适当思考风险管理的整体方法，体制、职能、责任，沟通和协议规则以及风险管理流程等。

在实施（Implementation）中，企业被要求将在设计中被确立的风险管理流程导入并贯彻。要求在组织中确切地引入和实施。评估（Evaluation）和改善（Improvement）要求企业对"基于框架的各种活动是否促进了经营理念、任务、中长期目标或计划等框架目标的达成"进行评价并改善。

该框架在经营中引入了PDCA这一持续改进的概念。

图18　PDCA 循环

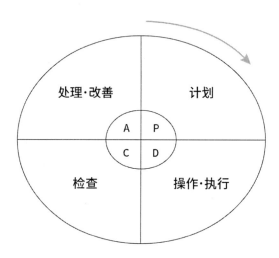

(出处) 参考各种资料作成

第二次世界大战后，构建了品质管理体系的休哈特博士（Walter A. Shewart）提出了PDCA循环（Plan-Do-Check-Act Cycle），戴明（W. Edwards Deming）十分提倡使用该循环。

Plan（计划）：根据过去的绩效和对未来的预测建立业务计划

Do（操作·执行）：按计划开展业务

Check（检查）：确认业务是否按照计划实施。

Act（处理·改善）：找出实施不符合计划的部分并对其采取措施。

这种螺旋机制被称为螺旋上升（Spiral up）。

6. 流程

由于风险管理的流程适用于不同层级的活动（例如，战略、业务、项目等），因此企业应该明确流程与需要考虑的相关目标、组织的目标的整合性。确定"适用范围、状况、标准（Scope, Context, Criteria）"的目的在于定制风险管理流程，实现有效的风险评估和采取适当的风险对策。适用范围定义了风险管理活动的范围。状况是指组织努力实现其目标时的内外部环境。其中包括外部状况（例如，法律、监管、外部利益相关者要求、社会、文化、经济等外部环境），和组织的内部状况（组织结构、角色和责任，可投入的管理资源、应采用或者遵守的标准和规则等）等。

风险准则（Risk Criteria）是指流程的下一阶段——风险评估的实施者为了避免在风险评估中产生较大误差，预先设定的判断指标。企业应以目标为参照，确定可接受的风险数量与类型，评估风险的重要性并制定支持决策流程的标准。风险准则应与风险管理框架保持一致，并根据所考虑的活动的具体目的和范围进行定制。

"风险评估（Risk Assessment）"包括"风险识别（Risk Identification）"、"风险分析（Risk Analysis）"和"风险评价（Risk Evaluation）"。风险识别是指发现、识别并记录可能有助于或妨碍组织目标的实现的风险。风险分析是指了解风险的性质和特征，包括风险各个等级。风险评价是指将风险分析结果与风险准则进行比较，为风险应对决策提供基础数据依据。

RM（ISO 31000: 2018）的流程如下。

图19　RM流程（ISO 31000：2018）

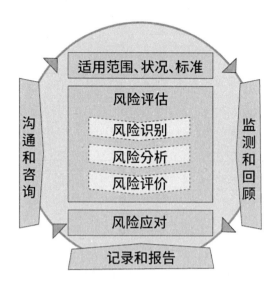

(出处) ISO 31000：2018

　　"风险应对"在"风险评估"完成后进行。后续流程还包括持续把握和监控情况，即监测"范围、情况、标准"、"风险评估"和"风险应对"是否充分发挥了作用，达到预期效果，负责人和相关人员应对此作出评价。

　　"沟通和咨询（Communication and Consultation）"的目的是提高对风险的意识、促进理解、获取验证决策的反馈和信息，ISO 31000：2018要求企业将其嵌入到风险管理流程的所有阶段中，以辅助整体风险管理。在"沟通"中，企业向利益相关者传达信息，并与利益相关者交换信息以及共享信息。在"咨询"中，我们将收到所有参与课题解决的人员的忠告和建议，包括外部专家。企业应根据需要，在每个阶段进行沟通和协商。

　　监测和回顾（Monitoring and Review）是指企业对与风险管理流程相关的活动及其结果进行监测并重新审视，以提高风险管理流程的有效性。在记录和报告（Recording and Reporting）中，为了将风险管理流程的实施结果与利益相关者共享并在将来进行改进，企业应该保留记录。

7. ISO 31000的特征

ISO 31000有以下特征。

第一，ISO 31000以适用于所有组织和风险为目标，为所有组织和风险的风险管理提供通用的风险管理流程及使其有效运作的框架。

第二，框架显示了运营组织风险管理所需要的要素以及各要素间的有机关系。

第三，基于作为管理基础的PDCA模型，即计划（Plan）、执行（Do）、监控和评估（Check）、纠正和改善（Act），提出了不断改进框架和流程这两方面的持续改善的体系。

第四，适用于日常风险管理，但不包含紧急情况等危机管理。

第五，ISO 31000只是风险管理的指南，并非一种认证。

第六，ISO 31000有以下补充标准。

表10 ISO 31000的补充标准

名 称	内 容
ISO 31010: 2009风险评估技术	介绍并说明了作为风险管理重要流程的风险评估技术。
GUIDE 73: 2009风险管理专业术语	与风险管理相关的术语集。对许多管理体系中用法迥异的术语进行统一定义。
ISO / TR 31004: 2013（ISO 31000导入指南）	是将本公司现状与ISO 31000所要求的事项进行比较的方法。确定本公司风险管理中需要修正的地方以及实施修正的准备，或制定准备计划的方法。为了确保自己公司的风险管理能起效并持续地改善，而监控和回顾本公司的风险管理的方法。
ISO / WD 31022: 公司整体法律风险管理导入指南	拟定中

(出处) 参考各种资料作成

RISK MANAGEMENT

第6章 风险评估

风险管理过程中处于核心地位的是风险评估。本章将对风险评估进行概述。

1. 风险评估概要

风险评估（Risk Assessment）是风险管理进程中的核心部分，指风险识别（Risk Identification）、风险分析（Risk Analysis）以及风险评价（Risk Evaluation）的整个过程（ISO 31000）。

RM进程与风险评估（ISO 31000：2018）如图20所示。

图20　RM进程与风险评估（ISO 31000：2018）

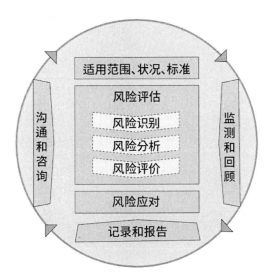

(出处) 参考ISO 31000：2018作成

风险评估的前期阶段在「适用范围、状况、基准（Scope, Context, Criteria）」之后进行，确定状况以及基准的目的是制定风险管理措施。风险评估的下一阶段是风险应对（Risk Treatment），是用以修正风险的过程。

对实行此风险评估时用到的技术做说明的国际标准IEC/ISO 31010：2009（风险管理——风险评估技术：Risk Management-Risk Assessment Techniques）在2009年11月颁布后，2012年被JIS化（JISQ 31010：2012）。这是为了从技术层面完善ISO 31000：2009（风险管理的原则及方针）。

风险识别是发现并记录风险的过程。风险分析是理解风险特点并判定风险水平的过程。风险评价是将风险分析结果与风险准则相互比较，从而判断优先应对顺序的过程。

风险评估的目的是，对于特定的风险的可选项目，基于相关证据而提供信息和分析。也就是说，有关特定风险的对应方法以及针对其选项的选择方法，是基于信息充分的基础上进行的决策。具体来说，风险评估是对风险及其原因、结果及其概率的理解过程。风险评估为最优风险应对方法的决策提供基础数据支持。

2. 风险评估方法

风险评估的方法通常单独或多个叠加使用。表11列举了风险评估代表性的方法。另外，企业针对不同特性，下表以外的其他方法也被开发使用。

表11　风险评估的方法

方　法	概　要	适用领域
核对表方式	事先备好选项，根据本公司的状况是否与之相符合进行勾选。	风险识别
What-if	通过对「如果……的话」问题的重复询问进行风险识别，继而进行风险分析和风险评价的方法。	风险识别 风险分析 风险评价
FTA (Fault Tree Analysis: 故障树分析)	将重大事故设定为顶层事件，为探明顶层事件的原因而对事故进行回溯分析的手法。	风险识别 风险分析 风险评价
ETA (Event Tree Analysis: 事件树分析)	通过展开作为事故原因的初始事件，对其过程进行解析的手法。事件展开的情节进行分析，通过求解各个分歧点上事故发生的概率，使计算重大事故的发生概率成为可能。	风险识别 风险分析
FMEA (Failure Mode and Effects Analysis: 失效模式与影响分析)	诸如配件等单一故障情况，对产品或整体系统造成的影响进行评价。	风险识别 风险分析 风险评价

(出处) 根据多个资料整理作成

3. 风险识别

风险识别（Risk Identification）被称作"风险的发现"或"风险的调查"，是指发现、认识并记述风险的过程。在风险识别中，可能发生的风险，即对于诸目的不确定性的影响进行识别，制作具有全面性的风险一览。由于风险识别中无法识别的风险，会在之后的风险分析和风险评价以及风险应对等风险管理过程的对象中被剥离出来，因而风险识别的全面性至关重要。

风险的数量虽然没有上限，但在风险中，基于风险准则，判断何种风险能成为风险管理的对象是风险识别的目的。虽然也有将风险公开也能完全应对的情况，但是一旦将风险公开化，组织本身的存亡有可能会面临危机。尤其是最近，组织更加复杂且巨大化和高度化，由风险应对引起的直接危及到组织存亡的情况也在不断增加。如今，人为、钱财、物质以及社会上信用度的降低，都已开始被视作风险。

ISO 31000：2018中，同COSO-ERM（2017）一样，风险不仅包括

负面影响带来的风险，还包括了正面影响带来的风险，不抓住机会而造成的相关风险也在引发关注。此外还在呼唤着对自我管辖之外的风险进行识别。

这里应当识别的是风险来源、事件（Event）及其原因及可能造成的结果。风险来源（Risk Source）是指由于其本身或与其他因素的组合而具有潜在引发风险可能的要素。考虑到ISO31000中也涵盖了正面影响，因而易与负面影响产生联想的危险因素（Hazard）一词不再使用，多用风险来源一词来代替。引发的结果（Consequence）是对目的造成影响的事件的产物（Outcome），分为如灾害般负向的产物和带来利益的正向的产物。此外还存在一个事件产生数个结果的可能性，以及初期结果存在连锁、阶段性扩大的可能性。结果有可能是确定的和不确定的，通常以定性或定量的形式表现出来。

4. 风险分析

(1) 风险分析的概述

风险分析的目的是理解风险的性质及其特性（包括风险水平）。风险分析包括对不确定性、风险因素、结果、引发难易度、事件、情节、管理措施（Control）及对其有效性的详细考察。风险中可能存在多个原因和结果，也可能被多个目的所影响。风险分析的结果是风险评价的输入项，是对是否需要风险应对的判断，以及决定最优应对战略和方法所需的输入内容。

风险分析由经过识别的风险事件的结果（Consequence）以及发生概率（Probability）组成。此结果和发生概率的组合，决定了风险的水平（Level of Risk）。风险分析应具有对结果和发生概率产生影响的因素进行识别的能力。

风险分析方法包括定量分析、半定量分析和定性分析。

风险的定量分析和定性分析的概览如表12所示。

表12　风险的定量分析及定性分析概览

区　分		定量分析	定性分析
条件		有历史统计数据的情况（事故、故障等）	没有历史数据，或数据方差太大无法利用的情况
计算方法		基于数据或统计的工程学计算	依靠直觉推算 加入过去的经验 参考专家意见
例	发生概率	0.1×10件/年 0.1×10件/回	大概率 中概率 小概率
	损失规模	○○日元 ◇◇人	大规模 中规模 小规模

(出处) 根据多个资料整理作成

　　定量分析是计算结果及其发生概率的具有实用性的值，以及计算设定状况时定义的以具体单位衡量的风险水平值的方法。然而，信息或数据不充分等状况下，完全的定量分析有可能无法实现或不一定得到理想的结果。在这种情况下，半定量或定性分析要比定量分析更加有效。

　　风险的定性分析是指在没有历史数据或数据方差过大无法利用时行之有效的，凭直觉推定的，增加了过去经验的因素而进行的风险分析。在风险的定性分析中，各个风险的结果及发生概率以高/普通/低（大/中/小）的形式表示风险水平或等级，是结果及发生概率二者的结合，对照定性基准从而判定风险水平。进行定性分析时需对所使用的术语做出明确说明，并对全部基准来源做记录。

　　半定量分析指采用根据结果及发生概率有关数值得到的评定量表，将二者结合起来导出风险水平的方法。

(2) 结果分析

　　结果分析（Consequence Analysis）是指假设特定事件发生后，对其影响进行分析的过程。一个事件有可能产生多个不同影响，或对各种目的以及承担者产生影响。结果分析有单纯的结果记述，具体的定量化模型，或者脆弱性分析等。

对于影响来说，发生概率大产生的影响小，发生概率虽小产生的影响却大，或介于二者中间的情况也有。通常对潜在的产生极其重大影响的风险有更加重视倾向。另外，个别事件虽然频繁发生，但影响较小，产生影响的速度较慢，却有累积或长期下来产生较大影响的情况。

(3) 情景分析

情景分析（Scenario Analysis）作为把握引发风险最终影响的手段而使用。情景分析中，能够对不同条件下风险的影响进行分析。例如，悲观情景和乐观情景各占30%概率的情况下，分析对风险发生进行悲观预测和乐观预测下的不同影响。

具有代表性的情景分析有事件树分析（Event Tree Analysis；ETA）和故障树分析（Fault Tree Analysis；FTA）。上述两种方法都是解析某事件原因和结果关系的方法，前者事先确定被视作原因的初始事件，按照进程的顺序推导出最终事件爆发的手法，而后者则是首先确定爆发的顶层事件，采用回溯分析的手法探明事故的进程。

① 事件树分析

事件树分析是指以起因事件为出发点，对继而发生的事件按时间向后推移，直至最终事件为止，对此过程中连续发生的事件进行归纳分析的方法。也就是说，识别起因事件后进行事故进展分析，风险公开化的情况下推测结果和发生概率的方法。

事件树分析（ETA）的图示见图21。

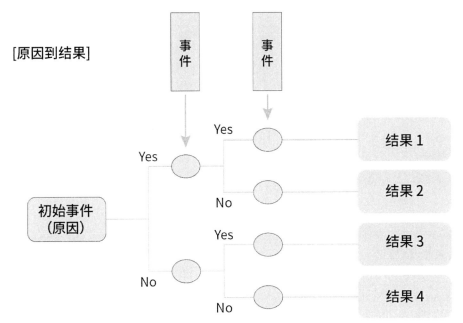

图21　事件树分析（ETA）图示

[原因到结果]

(出处) 根据多个资料整理作成

　　从初始事件（原因）开始，随着事态发展，列举出中止其进程的对策——即事件，根据成功与否两种情况将此事件的效果以分叉树状表示，将中止最终事件（结果）的事件明确化视为重要目的。这对分析事件扩大的状况和阻止此扩大的事件（防灾设备或防灾行动等）的关系时至关重要。

　　事件树分析的优点是，事件的进展情况可以通过追踪树叉进行把握，根据进展阶段的不同设立相应对策。其缺点是：第一，对策的效果表示为成功和失败两种情况，对于部分成功或部分失败的情况无法表示。第二，由于是对事故进展状况的分析，因而对分析对象整体的风险难以把握。

　　② 故障树分析

　　故障树分析是指为探明某事件的原因，首先确定爆发的顶层事件，根据反向追溯事故进展过程从而找出原因的演绎分析法。通过解析风险事件与其原因之间的关系，能够找到风险的改善方法，并使定量及定性分析成为可能。FTA可用于评价ETA中提取出的各事件的发生概率。

　　故障树分析（FTA）的图示如下（图22）所示。

图22　故障树分析（FTA）图示

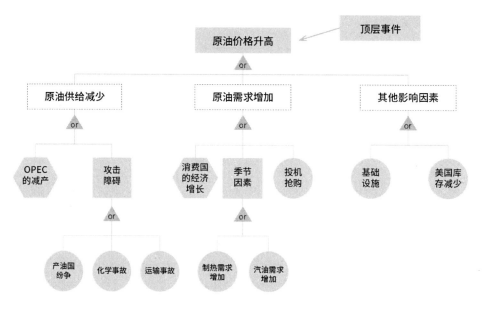

(出处) 根据多个资料整理作成

　　FTA是由美国BELL研究所的H.A WATSON提出，并由1965年波音公司（BOEING）完成的分析方法。此分析方法中，火灾等事件作为顶层事件「（Top Event）」，原因事件的所有因素都要作为事件列举出来，通过分析直至顶层事件的每个要素，进而能够自上而下分析顶层事件的所有发生要素的演绎分析手法。由于这种分析方式下作出的图示与树的形状相似，因而被称作Fault Tree，简称FT。

表13　故障树解析图中使用的标记

标　记	名　称	说　明
	事件 (Event)	由顶端事件及基本事件等组合引起的各个事件（中间事件）
	基本事件 (Basic Event)	无法再进一步展开的事件，或者发生概率可以单独求出的最基本的事件
	非展开事件 (Undeveloped Event)	由于信息不充分或技术上的内容不明确造成的无法进一步展开的事件（钻石事件）
	普通事件 (Normal Event)	表示寻常发生的事件。诸如火灾中"空气的存在"等
	与门	逻辑与
	或门	逻辑或
	转移门 (Transfer Gate)	故障树图中表示往上层关联部分的移动或连结。
	制约门 (Inhibit gate)	条件概率。仅在满足条件的情况下输出事件才会发生。

(出处) 根据多个资料整理作成

　　FT分析的优点有以下几点：①事件（下层事件）的发生概率可以计算的情况下，就能计算出顶层事件的发生概率。②FT主要利用与门和或门，以单纯的理论构造形式表示，因此在视觉上比较容易解释到达事故或灾难等顶层事件的或经由或要素。

　　FT分析的缺点有以下几点：①事件发生的条件或要素在可在树上表示，因此简单的FT较容易理解，然而复杂FT的情况下，树状结构会变得更加庞大，理解起来比较困难。②FT上的各事件，难以以时间推移的形式来表示。

③ 弱点分析

弱点分析是风险发生时对弱点的分析。比如说，以情节分析为基础，将作为多个风险共同原因的危险因素提取出来，或从是否存在捕捉触发器事故的事件或征兆的系统这一观点开始分析，掌握发现手段不充分的事件或存在发现不及时的可能性的事件等。

(4) 风险的定量分析指标

风险的定量分析指标主要有以下3种。

① VaR（Value at Risk）

VaR是指200年1遇的概率下，最大损失如在100亿日元时，评价特定概率的最大损失额度的指标。下述的PML也属于VaR的一种，VaR与PML相同，都表示在某个（at）概率的风险，而不表示风险全体。

② PML（Probable Maximum Loss）

PML指在一定条件下所预计的最大损失额。地震PML是指由地震引发的「预计最大损失额」，最开始被用作美国火灾保险情报的一种，近年来也被应用于房地产行业与建筑行业。在1966年日本设立的家庭地震险中，设立最初，PML作为设定总支付额限度的依据使用。

PML不包括发生概率，只表示各情景中最坏情况的那部分，存在无法表示全体风险的局限性。

③ 损失期望值（Expected Loss）

损失期望值表示风险的「损失的发生概率」与其「损失额」的乘积。

$$损失期望值 = 损失的发生概率 \times 损失额$$

此指标中包含了发生概率和损失额两个要素，因此能够在一个指标中体现发生概率和损失额两个指标。

(5) 风险曲线

风险曲线（Risk Curve）是表示损失额与超过损失额的概率间关系的图形。

风险曲线与事件曲线如图23所示。

图23 风险曲线与事件曲线

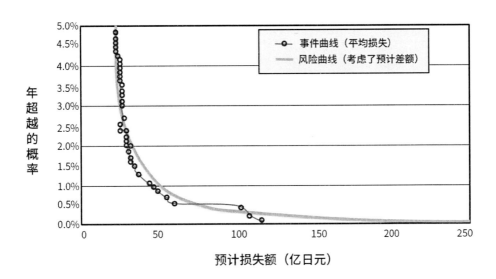

(出处) 根据多个资料整理作成

事件曲线中，横轴表示预计损失额，纵轴表示超过预计损失额的概率。为求设想灾害（如地震/台风等）的预计损失额，需制作关于预计损失额与其发生概率的一览表，通过计算与预计损失额相对应的超过预计的概率，从而做出事件曲线。

风险曲线和事件曲线的纵轴的意义各不相同。事件曲线中的年超过损失额的概率，是产生在此之上的损失额时所发生的事件的概率，而风险曲线中的年超过损失额的概率，是在此之上的损失额的发生概率。因此，事件曲线表示损失额与造成损失额事件发生的概率之间的关系，与之相对的风险曲线，则表示损失额与损失额发生概率之间的关系。

(6) 风险矩阵

风险矩阵（Risk Matrix）是指对于风险，横轴表示其强度（影响度），纵轴表示其频率（发生概率），将之分为5个或4个阶段而做成的矩阵。根据影响度与发生概率的大小将所分析的风险放入矩阵相应位置，高风险（如红色）、一般风险（如黄色）、低风险（如绿色）按颜色分开，风险状况从视觉上便一目了然了。

风险矩阵如图24所示。

图24　风险矩阵

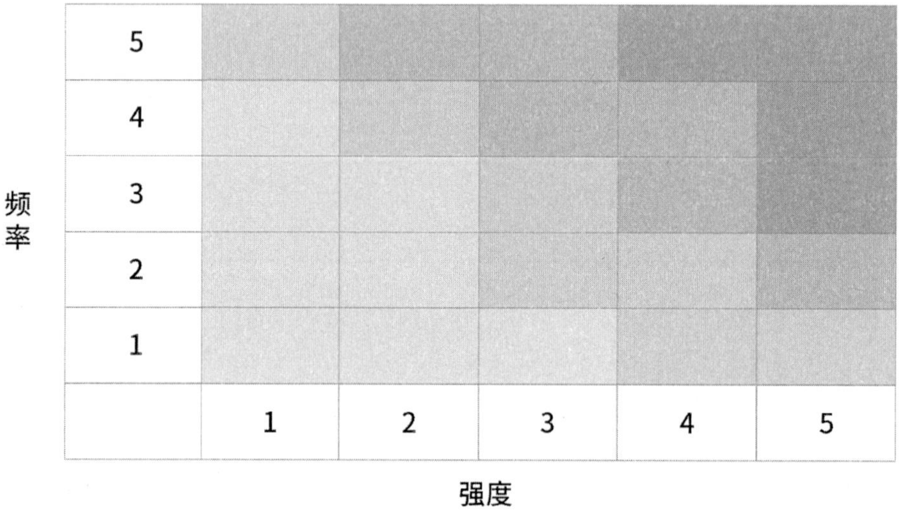

(出处) 根据多个资料整理作成

风险矩阵适用于风险的定性分析。

5. 风险评价

风险评价（Risk Evaluation）指为了确定风险频率或概率等是否可能被承保或容许，将风险分析结果与风险准则相比较的过程。风险评价的目的是比较风险分析结果与风险准则，为风险应对中的决策提供基础数据。

其中包含以下几个决策：①不再做出任何反应。②讨论风险应对策略。③为更好的理解风险进行更进一步的分析。④维持现存的控制。⑤重新考虑目的。

风险准则是指风险评价的实施方为使评价结果不产生过大偏差而预先设定的判断指标。国际标准（ISO 31000 Guide73）中将其定义为「为评价风险重大性而设的作为指标的条件」。也即判断是否对风险做出应对或确定应对的优先顺序的指标。例如，根据风险分析，假设风险大小的计算结果分别为16分、12分、9分时，风险准则的意义在于，其是决定在什么分数以下的风险不做应对，什么分数以上的风险需要应对的判断基准。

风险组合（Risk Portfolio）是将风险统一进行管理。风险矩阵（Risk Matrix）中，设定风险容忍度（Risk Tolerance）及风险偏好（Risk Appetite），就可作为风险组合从而使应当进行管理的范围变得明了。其结果不是对个别风险的最优化，而是将组织全体风险最优化为目标的风险管理成为可能。

风险组合（Risk Portfolio）如图25所示。

图25　风险组合（Risk Portfolio）

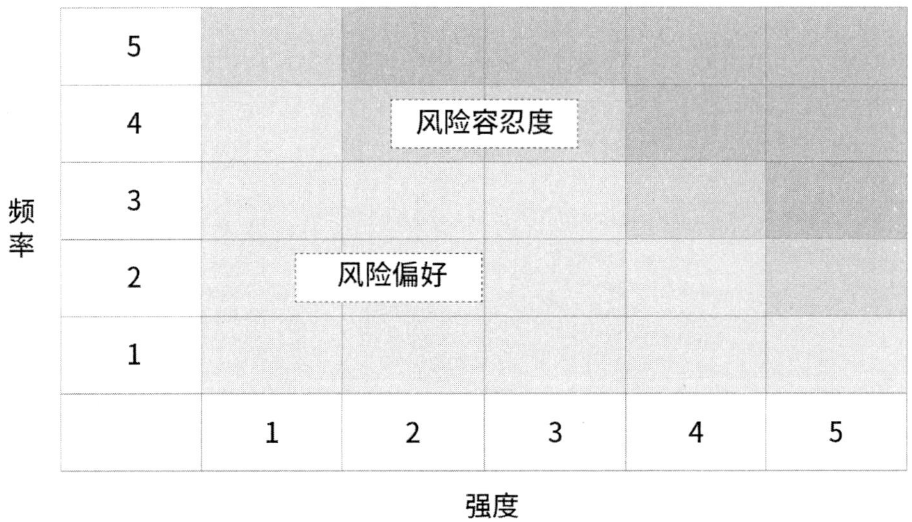

(出处) 根据多个资料整理作成

风险偏好（Risk Appetite）是法人为达成目标，预备的所能承保的风险量。虽然「Appetite」一词通常表示食欲，但「Risk Appetite（风险偏好）」则是指为推行业务而预备承担的有可能造成损失的风险量（金额）。不同企业对风险偏好也不尽相同，不存在绝对的规定和标准。

风险容忍度（Risk Tolerance）是指在风险偏好的基础上设定的所容许的出现差异的范围，即作为企业所容许的风险的极限。例如，想要追求在预算及时间以内完成生产任务时，在超过预算的5%，时间的10%等容许限度内可以被接受。因此，风险矩阵中，处在风险容许度之上的风险，超过了企业可承保的极限，需用某些方法降低或回避风险。

风险容许度根据各个企业的自身情况会有差异。例如，对于资本金1亿日元的企业来说，1000万日元的损失可能是可以应对的，而对资本金只有1000万日元的企业来说，1000万日元的损失就很难应对了。加之近年来多发的丑闻/金融危机/恐怖事件/地震等，即使只发生一次，却关乎企业存亡的事件/事故不断发生。企业所能承保的风险以及无法承保的风险，其准则都设定于风险准则中。

与「风险偏好」作为组织全体的战略纽带相比，风险容许度主要是特定活动目的的纽带。也就是说，风险偏好是更加偏向于整个企业的共同指标，风险容许度则主要是为个别活动中设定的个别指标。个别指标是指，以电话客服中对客户的应对业务举例，这种情况下将「容许10%的客户最多等待10分钟」设为指标，此指标即位容许度。

风险偏好与风险容许度的关系如图26所示。

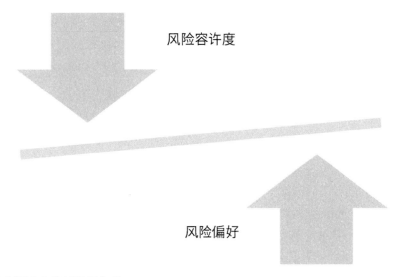

图26　风险偏好与风险容许度的关系

风险容许度

风险偏好

(出处) 根据多个资料整理作成

　　也就是说，风险偏好指的是，作为经营战略，对以何种风险在多大程度下获益进行决策，风险容许度指的是，以全公司或各部门，或者按风险分类设定自身所能背负的风险量。风险容许度历来与风险偏好不相关，作为风险量的上限，以全公司为基础或按风险分类设定。然而，从ERM的观点来看，作为风险偏好的结果，以全公司为基础的风险量的上限被设定为风险容许度而被求出。

6. 风险沟通

　　风险沟通（Risk Communication）是指对于特定风险，全体利益相关者将风险信息共享，通过进行沟通交流和相互理解，从而提高风险管理系统有效性的活动。为此，应设立公司内部的利益相关者（董事、员工、工会等）及公司外部的利益相关者（投资人、贸易伙伴、消费者、监督机构等）的风险传播渠。

　　公司内部的风险沟通工具有会议/委员会/电子邮件等。此外还有针对内部告发制定的「内部告发者保护制度」也行之有效。有了内部告发制度，能够在向媒体等外部机构公布之前先在组织内部进行通报。内部告发者保护法（2006年4月1日起实施）是告发对象的重大违法行为为事实的情况下，对进行内部告发的该从业人员实施保护的法律。内部告发者保护法中规定，向报道机构或消费者团体等对外告发时，当组织内部等销毁证据的隐患或对劳务提供方等的「内部告发」到达起20日后，该企业仍未进行调查，或公司内部实行禁言等的条件不满足时，无法成为被保护对象。

公司外部的沟通工具更加复杂。至今为止，虽然以股东、顾客等为主要对象，除此之外的NPO、NGO、社交网络等也在不断扩大。这些公司外部的风险沟通，主要是在核电厂或垃圾燃烧处理设施等涉及环境问题或自然灾害风险时，与当地居民共享风险认识或达成合作关系时使用。

有关对风险承保的判断中，由于受到较强心理因素的影响，为使利益相关者能够进行合理的判断，在提供适当知识的同时，消除不安情绪的信息交换也必不可少。风险沟通正是能够消除不安，提供准确充分的信息及达成和议的技术。

影响风险沟通效果的因素主要集中在发送方因素、承接方因素、传达因素、媒体因素四个方面。

发送方多为政府及企业。由于市民对政府或企业的信赖度不高的情况比较普遍，多数情况下会有大学教职员等专家、国际机构或NGO等中立的第三者介入。

比起发送方因素，风险传播效果更多受到承接方因素的影响。风险传播的承接方，发送方之间存在知识/认知/感情等方面的差异。市民容许的风险的大小，通常情况下相比专家容许的要小得多。例如，对与生命或健康相关的事故或副作用，市民倾向于要求其发生的可能性为零。另外，专家会根据发生概率和损失规模两方面判断风险大小，市民更加倾向于重视损失规模。因而，即便发生概率低也难以承接损失规模大的风险。对风险的承接，由于人的知识、信息量、信息处理能力、价值观、性格、性别、年龄、职业等的不同存而在差异。因此，实行掌握对方特征的风险沟通非常重要。

风险沟通的传达因素。由于利用发生概率或规模对风险进行说明会使承接方理解起来比较困难，认识承接方的属性，用更易于理解的方式表达是很有必要的。另外，承接方的风险认知会因风险的表现方式而不同。例如，与死亡率相比，用生存率来表达更容易被接受。此外，承接方会对难以理解的专业说法抱有不信任感。

　　风险传播媒介中，大众传播更有利于引发关注，人际关系媒介比较适于达成共识。以网络为媒介的电子媒体在即时性、广泛性上更具优势。

RISK MANAGEMENT

第7章　VaR（风险价值）

　　VaR（风险价值）是定量分析风险的代表性方法。本章将对VaR进行概述。

1. 概率

(1) 概率的概念

　　概率论的历史要追溯到法国数学家布莱兹·帕斯卡（Blaise Pascal）（1623-62）与皮埃尔·德·费马（Pierre de Fermat）（1607-65）的来往书信。资深赌徒法国贵族"梅尔的骑士（笔名）"（Chevalier de Méré）在1654年同布莱兹·帕斯卡（Blaise Pascal）的书信往来中，曾与之讨论过应以何种计算方法才能在赌博中使自己居于有利地位。

　　某个事件发生的概率，是指这一事件发生与不发生的总次数作为分母，发生的次数作为分子计算出的值。概率为1表示某一事件必然发生，概率为0则表示事件必然不会发生。概率是0到1之间的值，假如某事件发生概率为0.2的话，那么不发生的概率将是$1-0.2=0.8$。

　　在结果未明了之前，所有事件只能以概率来说明。例如，投掷骰子之前，虽然并不知道结果会出现几点，但可以说掷出6点的概率为六分之一。

　　另一方面，正如多次重复投掷一枚硬币，正面朝上的概率会接近1/2一样，大数法则（Law of Large Numbers）表示，当重复次数足够多时，则某事件出现的实验概率越接近其理论概率。

　　对概率而言，有以下默认表现方式。

企业α在1年之内发生破产事故A的概率表示为P(A)。这里的P取自英文单词Probability的首字母。此外，因为P(A)表示概率，因此满足 $0 \leqq P(A) \leqq 1$。A不发生的概率为 $1 - P(A)$。

另一家企业β在1年之内发生破产事故B的概率为B时，「A∩B」表示A与B同时发生，即企业α与企业β都破产。

A∩B读作「A与B」或「A并B」，如图27所示。A∩B为图中阴影部分，表示中A与B的集合重合部分的集合。

图27　A∩B

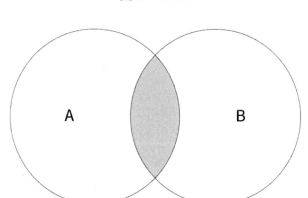

(出处) 根据多个资料整理作成

「A∪B」则表示A或B发生的情况，即企业α或企业β中至少有一家在1年之内破产。

A∪B读作「A或B」或「A cup B」，如图28所示。A∪B为图中阴影部分，表示A与B两个集合的全部。

图28　A∪B

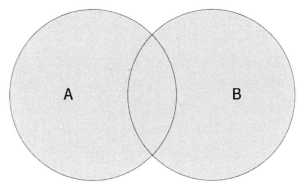

A B

(出处) 根据多个资料整理作成

(2) 方差与标准差

① 方差

简单算术平均是广泛被运用的一种均值（Mean）。

$$\bar{x} = \frac{1}{n}\sum_{i=1}^{n} x_i = \frac{x_1 + x_2 + \cdots + x_n}{n}$$

（x_i（$i=1, 2, 3\cdots n$）：第i个样本值；n：样本大小）

此均值通常用（x拔）或希腊字母μ（mu）表示。
另一方面，「方差（Variance）」表示每个样本与均值之差（距离）
的平方和的均值。

$$\sigma^2 = \frac{1}{n}\sum_{i=1}^{n}(x_i - \bar{x})^2$$

方差的计算方法为：首先，计算样本平均值 $\bar{x}$，求出每个样本值与平
均值的距离（偏差），然后将这些距离（偏差）的值平方后再求和，得到的
结果再除以样本数便得能到方差的值。
方差是衡量样本的分散程度的指标，但由于计算的是平方，因而无法

对原样本与均值进行直接比较。而使之成为可能的则是标准差（Standard Deviation）。

② 标准差

标准差（Standard Deviation; SD）与方差的相同点是都可以表示样本的分散程度。标准差通常用字母σ（sigma）或s表示，是偏差（各样本值与均值之差）平方和的平均值的平方根。

$$\sigma = \sqrt{\frac{1}{n}\sum_{i=1}^{n}(x_i - \bar{x})^2}$$

例如，某个班级有n名学生，假设其考试分数分别为 x_1, x_2, ⋯, x_n，则平均分为：

$$\bar{x} = \frac{1}{n}\sum_{i=1}^{n}x_i$$

方差（Variance）是各样本与均值（Mean）之差的平方和的均值：

$$\sigma^2 = \frac{1}{n}\sum_{i=1}^{n}(x_i - \bar{x})^2$$

标准差则是方差的平方平均（Root Mean Square; RMS）：

$$\sigma = \sqrt{\sigma^2}$$

知道均值和标准差的结果，就可以衡量样本与均值间距离的大小程度。由于标准差σ是与均值间距离的绝对值的平均，表示样本分散程度，因此大的σ表示两端分布较分散，小的σ表示分布集中于均值附近。

标准差如图29所示。

图29　标准差

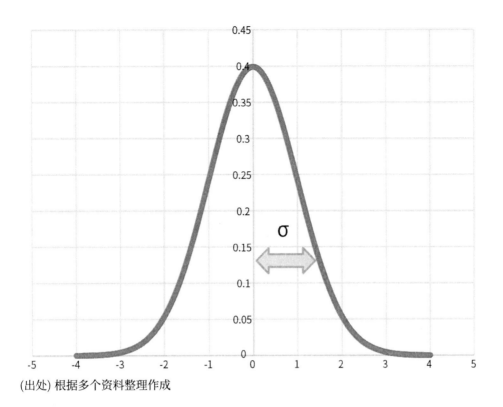

(出处) 根据多个资料整理作成

　　与σ较大时，即分布情况比较平坦时相比，能够判断σ较小时，即分布情况较集中时的风险比较小。

　　图30表示了标准差与风险间的关系。

图30　标准差与风险

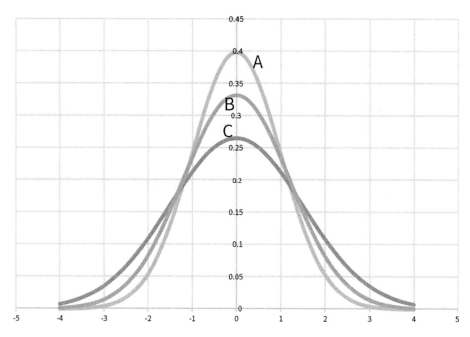

(出处) 根据多个资料整理作成

上图中的分布表明，B的风险比A大，比C小。

另一方面，正态分布（Normal Distribution）是指均值μ处概率密度最大，以μ为中心左右对称的钟形分布。

「正态分布」中，均值（μ）及标准差（σ）与频率间有以下关系。

表14　正态分布均值（μ）及标准差（σ）与频率间的关系

范围	频率（样本的比率）
μ±σ	0.6827（约2/3）
μ±2σ	0.95450
μ±3σ	0.9973

(出处) 根据多个资料整理作成

正态分布中，μ±σ，即均值±标准差的范围内分布着全体样本的68.27%，μ±2σ（均值±2倍标准差）的范围内分布着全体样本的95.45%。

图31　正态分布表

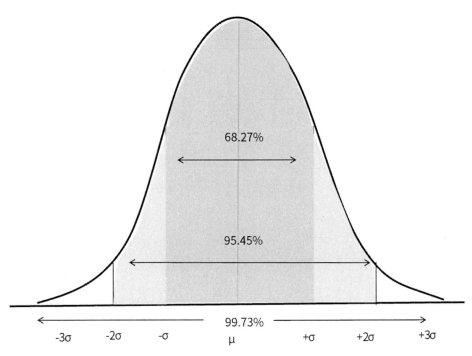

(出处) 根据多个资料整理作成

③ 波动率

波动率（Volatility）是指资产价格变动的均值，通常为年变动率（%），多用标准差来表示。波动率大表示资产价格变动大，从而风险也大。因此波动率变大就意味着风险变大，与之对应的期货或期权的价格将上涨。

历史波动率（Historical Volatility；HV）表示过去一定时期内的资产价格变动率的均值，也即「标准差」。此波动率可用于预测将来的波动率。

表15　价格变动率（Historical Volatility；HV）的事例

美元/日元，验证期3年

价格变动率	标准差	置信水平
5.00%	1σ	68.27%
10.00%	2σ	95.45%
15.00%	3σ	99.73%

(出处) 根据多个资料整理作成

　　例如，假设1美元=100日元，价格变动率（历史波动率）为5.00%时，置信水平为68.26%，1年250个交易日中，有68.27%（250×68.27%＝170.67日）在100日元上下5.00%的范围内变化。这是1倍标准差（1σ）下的情况，其中概率68.27%为置信水平。2倍标准差（2σ）和3倍标准差（3σ）分别为1σ×2和1σ×3。

　　隐含波动率（Implied Volatility；IV）是主要用于期权的用语，是市场参与者对将来期权价格变化的预测值。

2. 风险价值

(1) VaR的概念

　　风险价值（Value at Risk；VaR）指资产的持有期内，在特定概率范围（置信水平）内所发生的统计学上的最大损失额的可能性。VaR以金额表示，金额越大，风险也越大。以某股票为例，假设持有期为1天，置信水准为99%，VaR为100万日元的话，意味着「1天内这支股票损失100万日元以上的概率在1%以内」。反过来说，1天内这支股票损失在100万元以内的概率为99%。风险管理就是将这极端的1%去除，认识到99%的置信水平下最大期望损失100万日元并为此做好准备。为配合风险管理方针，置信水平有时也会设为99.5%或95%等。

　　如图32所示，着色部分占可能会发生事件的99%。可能会发生的事件，是指统计损益为目的的样本分布，以99%为置信水准意味着，全体样本的99%作为考虑对象，余下损失额巨大的1%的不予考虑。在这种情况下，置信水平99%中损失额最大的是最左边点「Z99」的负100万日元。也就是说，所设定的99%的置信水平中，统计上的最大损失额为100万日元，在这之上的损失发生的统计学概率为1%。持有资产的「99%VaR」或单纯表示为「VaR」，意味着点Z99的损失额为100万日元。

图32　持有资产价格变动的分布

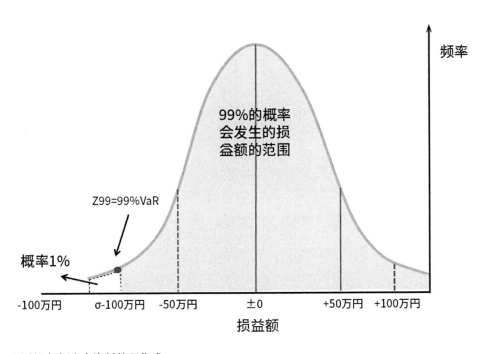

(出处) 根据多个资料整理作成

(2) VaR的起源与发展

JP摩根CEO丹尼斯韦瑟斯（D.Weatherstone）在1989年时，要求所有分公司作出未来24小时内公司内部持有的资产组合所受风险的量化「4.15报告」，在每天下午4点15分进行报告。经JP摩根的计量分析专家商讨，开发了计量模型RiskMetrics，此模型根据有关利息/股票/外汇等历史价格变动的观测值，预测在某概率下可能发生的最大损失额。这便是市场风险VaR。

市场风险VaR的概念如图33所示。

图33　市场风险VaR的概念

置信水平99%的1日VaR=10亿日元

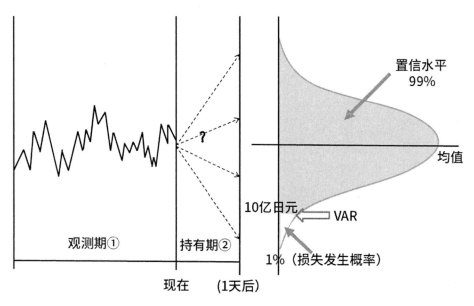

(出处) 参考日本银行2013年的演讲材料「市场风险的把握与管理」作成。

　　市场风险VaR的计算方法如下。①基于过去一定观测期内的观测值，②预计观测期的分布在将来持有期内同样适用，③预测一定概率即置信水平下持有资产的最大损失额。

　　上图是基于观测值的统计分布预测的1天后的价格变动，99%的样本分布在损失额最大10亿日元的范围内，1%的样本分布在损失额超过10亿日元的范围。这里的10亿日元损失额就是指VaR。

　　国际清算银行（BIS）于1993年建议银行可采用VaR作为风险管理手段，以此为契机，不仅银行及保险公司等，商业公司也开始使用。加之VaR所囊括的风险对象，不仅有市场风险，还包括信用风险和操作风险，各个风险都能通过共通指标VaR计算，将这些风险统筹管理的金融机构及企业也在不断增加。

(3) VaR的计算方法

VaR的计算方法包括方差协方差法，历史模拟法，蒙特卡洛模拟法等。模拟（Simulation）表示「仿真」，广泛用于军事/经济/政治/物理等领域，利用计算机进行建模实验，从而预测将来变化。模型（Model）表示将实物或系统抽象化，只需运用模型而非动用实际系统，不仅减轻负担和风险，还是系统评价/分析成为可能。例如，市场上需要巨额资金支持的商品或广告投资失败的情况下的损失额很大。但是，如果使用计算机模型，模拟计划实行的效果及结果，并对其进行预测的话，就能够避免由于实际商品或广告投入失败所产生的巨额损失的可能性。

对于市场风险的测算，多数国内外大型银行由方差协方差法向历史模拟法转移。对于信用风险与操作风险，多运用蒙特卡洛模拟法。

① 方差协方差法

方差协方差法（Variance-Covariance Method）是假设市场风险服从正态分布，利用均值（μ）±标准差（σ）在一定倍率内收敛于一定分布的方法。协方差（Covairance）表示两种数据关系的指标，是两个变量距离平均的偏差相乘的平均值。

这一方法适用于分析各风险因子的相关关系。然而，现实中不服从正态分布的情况很多，这种以正态分布为前提计算出的结果，在实际风险因子的市场风险不是正态分布时，有可能会低估风险量。

② 历史模拟法

历史模拟法（Historical Simulation Method）中无需假设正态分布，而是假设将来的价格变动也同过去的价格变动一样发生，基于历史数据计算VaR。这种方法是基于过去实际产生的数据而计算VaR，因此也能应对非正态分布的情况。然而由于无法反映出过去的价格变动数据以外的数据，因此观测期外的数据分布出现较大差别时，根据观测期数据所计算的风险量也将有很大差异。

对于市场风险VaR的计算，方差协方差法的应用范围虽然很广，近年来转向历史模拟法的企业却在不断增多。历史模拟法不用做特定假设，仅仅使用实际发生过的价格变动数据，因此有着对外说明方便的优势。虽然历史模拟法有着观测期以外数据分布可能存在较大差异的问题，股价等价格变动数据以营业日为基准获得，观测值较易得到也是这种方法等长处。

③ 模特卡洛模拟法

蒙特卡洛模拟法（Monte-Carlo Simulation Method）一名来源于以赌场闻名的摩纳哥4区中的1区模特卡洛，也被称作随机法。此方法利用随机数，假设风险因子变动的情况下计算持有资产的损益，从而计算VaR。具体来说，将大量随机数作为输入，观测其对应的输出值，从而随机观测其现象的方法。随机数（Random Value）是指没有规律无法预测的数值。

蒙特卡洛模拟法的特征为一下几点。第一，利用随机数，反复操作得到风险因子的预测值。第二，计算与风险因子的变化值对应的资产和负债的现值。第三，模拟得到的现值按降序排列，计根据置信水平范围内的值计算出VaR。

蒙特卡洛模拟法也能用于风险因子的概率分布假定为非正态分布的情况。此方法的缺点是，风险因子的分布存在前提（模型风险），以及由于需要大量数据的情况下，求解需要很多时间。

(4) VaR的局限

VaR是利用统计学方法计算出的风险的「估计值」。因此，由于观测期中捕捉不到的异常事件无法考虑进统计学数据中，会造成VaR无法测量，于是也无法对异常风险做出准备。例如，VaR中，诸如20-30年发生一次的金融危机等事件，没有包含在观测期的情况下，便无法计算其发生风险。所以VaR可能会对目前为止没有先例的异常事件造成的损失额作出低估。

另外，VaR的置信水平一般设为95%（2倍标准差），而非68%（1倍标准差）和99%（3倍标准差），超过这个置信水平的风险会被无视。理由是，在考虑发生概率非常低的最坏情况下进行经营活动，对于企业来说并不合理。例如，农夫会对偶然发生的洪水/大学/干旱等作出对策，却很难连陨石坠落造成的灾难也做好准备。像这样即便包含在观测期的数据，由于超过设定的置信水平的事件被忽视了，所以会造成预计损失额被低估的可能性。为了对VaR的局限作出补充，同时进行后述的压力测试是有必要的。

3. 期望损失与非期望损失

VaR中的最大损失，不是真正意义的「最大」的损失，而是如前所述，是指「一定概率下预计会发生的最大」损失。非期望损失额（Unexpected Loss；UL）是VaR减去表示平均损失额，即期望损失额（Expected Loss；EL）所得的结果。

$$UL = VaR - EL$$

图34　损失分布和风险融资

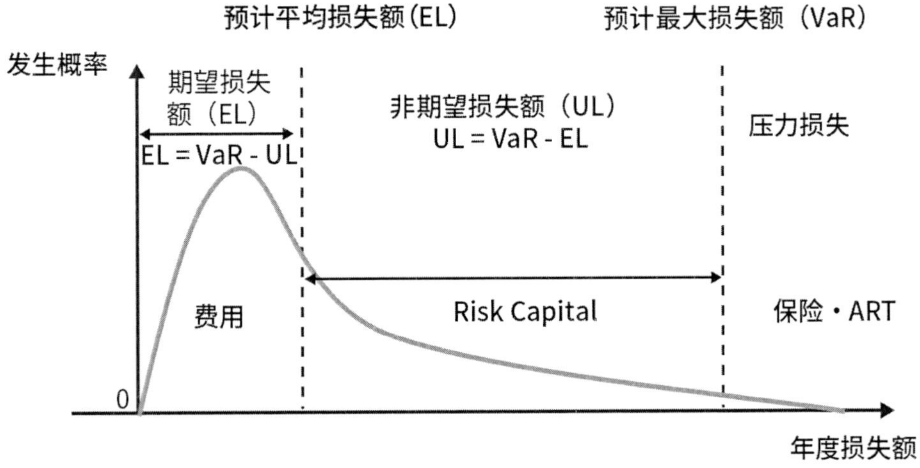

(出处) 根据多个资料整理作成

传统的风险管理中，期望损失（Expected Losses）（复数形式）指较低额度的损失或日常损失，非期望损失（Unexpected Losses）指大额损失或稀有损失。

然而近年的风险管理中，期望损失更多意味着作为某特定数值的平均损失。与其相比低额的损失，被称作日常损失或小额损失，通常视为日常费用。

这种情况下，假设VaR为500美元，期望损失为300美元，则非期望损失（Unexpected Loss）（单数形式）为200美元（500美元-300美元）。

非期望损失利用风险资本应对是合适的。虽然超过VaR的预计损失比较稀少几乎不会发生，一旦发生就会产生巨大损失，因此应采用保险或ART应对。

4.按风险种类区分的VaR

市场风险多以正态分布为前提进行说明。长期来看，市场风险损失与收益的可能性各占一半，因此其损失可假设为期望值为0，左右对称延伸的分布。

不同风险种类下的损失分布示意图如图25所示。

图35　不同风险种类下的损失分布（示意图）

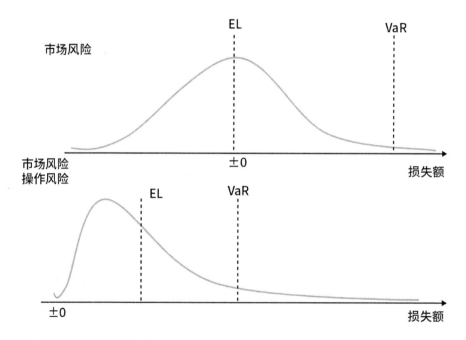

(出处) 根据多个资料整理作成

另一方面，信用风险和操作风险属于纯粹风险，不以利益的发生为前提。此外，因为信用风险中交易方有各自设立的固定违约率，操作风险中也存在不同原因下概率的不同，风险概率分布不属于正态分布。因此其期望值不为0，对于处在尾端的大额损失服从肥尾分布（Fat-Tailed Distribution）。

信用风险量可根据违约信用额度，违约概率及违约时的损失率计算出来。

$$信用风险量 ＝ EAD \times PD \times LGD$$

违约风险暴露（Exposure at Dedault；EAD）是指信用额度。违约概率（Probability of Default；PD）指债务承担者将来一定时间内违约的可能性。违约损失率（Loss Given Default；LGD）指出现违约时的预计损失额的比率（LGD=1-回收率）。

信用风险量随回收率变化而变化。进行贷款等交易时需要房地产做担保，通过对房地产的处分，信用额度全额回收的可能性的确存在时，信用风险将不存在。

5. 压力测试

压力测试（Stress Test）是指假设出现诸如市场暴跌或大规模灾害等压力事件，评价（预测）其损失规模的风险管理手段，当超过通常预测水准的损失发生时，或意外事件发生时，检验系统是否对其耐受的测试。金融机构进行压力测试时，会假设「汇率变动15%」「国债价格下跌20%」等反常事件为压力，对银行能否维持自身诸如产权比率等基准进行测试。

「压力测试」这一名称，在2009年美国FRB（联邦储备系统董事会）针对19家主要金融机构进行的资产健全性检查时使用后得以普及。那时，FRB进行的压力测试，是在此后2年内出现预料之外的经济状况急剧恶化情况时损失发生情况，作为判断是否会发生资金短缺的资料。

黑色星期一、亚洲货币危机、雷曼危机等实际发生过的压力事例，价格大幅变动这类通常不予考虑的事件正以10年或20年一次的频率在发生着。压力测试是提取历史数据中异常环境下的风险情景，计算现有资产等内部存在的潜在风险量，以实现抵御压力事件的风险管理为目标。

压力测试的特征如下所述：①为了能够任意设定风险发生状况，从VaR中需要的过去发生的数据中解放出来。②由于此方法不基于统计数据及其分布，以及不存在频率/概率、持有期的概念，前提条件不同的VaR或其他压力测试结果之间无法进行比较。

压力测试需要留意以下几点：①缺乏概率这一概念，实际中是否会发生的概率不明。②压力的假设较为主观。风险因素、风险（变动）大小、观测期等的选择多偏主观。③难以作出能够预测未来状况变化的压力情景。④管理团队之间达成共识这一点至关重要。

第二部 风险融资

RISK MANAGEMENT

第8章 风险应对及ART

风险应对分为风险控制和风险融资，保险和ART被视作后者的重要手段。本章将对风险应对手段和ART的关系进行概述。

1. 风险应对的概要

ISO 31000：2018中规定，风险应对（Risk Treatment）的目的是选择并实施为修正风险而设置的选项。其中包括以下几个循环过程：①制定并选择风险应对的选项。②计划并实施风险应对。③评价应对的有效性。④判断是否能够允许剩余风险（Residual Risk）。⑤剩余风险不在容许范围内时，需要进一步应对。

选择最适当的风险应对选项时，需要考虑与达成目标关联而得到的潜在利益和成本。风险应对选项不一定相互排他，也不一定适合所有情况。以风险应对为目的的选项（ISO 31000：2018）包含以下7种中的一种或数种。

①通过不开始或不继续活动来规避风险。②为追逐机会设置风险，或将风险增加。③去除风险源。④改变风险发生可能性（Likelihood）即发生概率。⑤改变结果（Consequences）即损失规模。⑥通过诸如合同规定共享或购买保险进行风险共享。⑦基于风险分析结果的决定来保有风险。

选择风险应对选项，有必要遵循组织目的、风险准则以及可利用资源进行选择。对风险应对选项进行选择时，有必要考虑利益相关者的价值观、思考模式、潜在参与、以及同利益相关者的沟通与交谈的最佳方法。监控和回顾是对多种应对方式有效的手法，为有效性的维持得以保障，此二者是实施风险应对中不可缺少的环节。风险应对有可能带来新的由必要管理造成的风险。

没有可利用的应对选项，或应对选项的风险无法充分修改时，有必要将风险记录，维持不间断回顾。决策者或其他利害关系者应提前认识风险应对后剩余的风险性质及其程度。应该对剩余风险进行书面化、监控、回顾等必要回应后进行更进一步的应对。

2. 风险应对手段

(1) 风险应对手段的概要

风险应对手段如图36所示，分为风险控制（Risk Control）和风险融资（Risk Financing）[27]。

图36　风险应对手段的分类

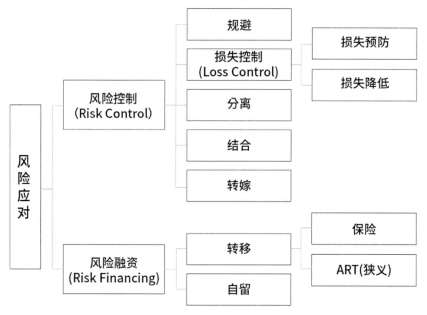

(出处) 根据多个资料整理作成

---

27 根据George Head分类（Williams、 C.A. & Heins、 Risk Management、1976.）。

风险控制是指为防止或降低损失发生的预防策略。通过风险控制完全消除损失的发生比较困难，对剩余风险引发的损失，可以进行风险融资作为其财务上的对策。实际的风险应对，不一定只选择风险控制或风险融资中特定一个手段，多数情况下会选择风险控制和风险融资中多个手段进行组合。风险应对选项的选择，需遵循组织的目的、风险基准而进行。

另一方面，以风险矩阵（Risk Matrix）为准则的风险应对中，可以考虑转移、规避、自留、降低4个方面的组合。

图37 风险矩阵（Risk Matrix）和风险应对

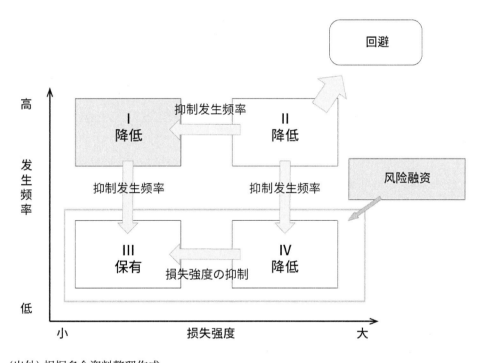

(出处) 根据多个资料整理作成

按照一般说法，如图37所示，首先通过风险控制（详述见后文）抑制损失强度及发生频率（发生概率）。然后对Ⅲ和Ⅳ范围中的剩余风险进行风险融资。其中，对Ⅲ进行自留，对Ⅳ进行保险或ART（详述见后文）等将风险转移。对此，处在范围Ⅱ中的事件发生频率高、损失强度大，可以进行回避。

(2) 风险控制

风险控制（Risk Control）以纯粹风险和投机风险两种风险为对象，是指在损失发生前执行的降低损害发生概率（Frequency）（发生频率）和损失强度（Severity）的方法或技术。风险控制视实际损失为问题，而非为复原或补偿的确保财务资源为目的。例如，发生交通事故时，对于行人来讲是机动车引发的人身事故，而对于司机来讲，为将赔偿责任列为损失预防对象，其效果只能通过不同主体进行测定，正如洒水车对大部分火灾有效，对润滑油等来说却更加危险一样，损失控制只对特定风险有效。

① 风险回避

风险回避（Avoidance）是指中止或放弃有风险的活动，从而阻断可预想的风险。「与卷入风险的一切人、物、事等都不相干」，且「为能够与风险无关，风险本身也要排除去掉」。例如，中止生产容易引起食物中毒的食品等。

然而，也存在无法回避或应抱有积极态度的风险。风险回避只是单纯的消极对策，伴随着对收益率的放弃，不适当的进行寻求抵消风险的收益率的企业活动也不在少数。例如以下两种情况，年纯利润为100亿日元，与10%的概率下存在1,000亿日元的损失等。存在为回避某种风险而陷入其他风险的可能性。

② 损失控制（Loss Control）

损失控制包括损失预防（Loss Prevention）和损失降低（Loss Reduction），为实现损失控制，需要理解各种风险引发损失的过程。损失预防是减低损失发生概率的方法，也是事先预防损失发生的对策。也就是说，损失预防是通过预防措施降低发生概率的对策，如利用真空包装防腐等物理手段，或实施安全教育或定期点检等人为手段。

另外，损失降低旨在减轻损失发生的规模，为防止/减轻损失的扩大，抑制损害规模而实行的对策。作为损失降低到手段，有出现残次品时完备的召回体制，为火灾准备的洒水车，消防设施等事前措施，以及事故发生后减小损失强度（大小）的手段等。「危机管理」便是危机发生后为损失降低而系统设立的管理手法。

$$期望损失 ＝ 损失发生频率（概率）× 损失规模$$

③ 风险的分散与结合

风险分散是指将风险分离出来使其分散的手法。例如，为使地震发生时减少经济损害，将工厂分散设于各地等。而风险结合则是指通过将风险集结，降低风险等不确定性，从而使损失的预测成为可能。例如，对性质相同的风险，保险公司通过增加合约数量，利用大数定律使损失的发生概率在统计上更加安定。若能通过风险结合计算出安定的损失发生概率，则内部积累等造成的风险保有就可以实现。

④ 风险转嫁

风险控制中的风险转嫁，与风险融资中的风险转移不同，指的是通过合约，将财产或赔偿责任等风险本身转嫁到第三方。例如租赁合同或业务外包等风险转嫁事例。

(3) 风险融资

风险融资（Risk Financing）是指发生风险后进行的必要资金调配的活动。与商业金融（Business Finance）不同，风险融资并非通过筹措资金产生额外收益，而是在大型灾害等损失发生时进行。

风险融资分为自留和转移两类。

① 自留

自留（Retention）是指在认识风险等基础上对其进行自留。不知情的情况下存在风险时，作为「风险融资」的「风险自留（Risk Retention）」不存在。自留包括储备金、专业自保公司（Captive）、贷款、自我保险等手段。经常项目费用是指利用经常账户的资金、剩余资金等一般资金的方式，储备金是指为应对特定风险损失而保留一定资金的方式。专业自保公司（Captive）直白地说就是母公司下专门承保风险的子公司，也存在承保母公司以外危险的情况，以及发展成保险公司的情况。贷款是指通过向金融机构或发行公司债券等实现资金筹备。自我保险（Self-Insureance）是指基于一定发生概率，将预计损失额或以上保留在组织内部等方法。

② 转移

风险融资中的风险转移（Risk Transfer）不同于风险控制中的风险转嫁，与风险自留（Risk Retention）相反，表示转移财务上的损失。转移包括保险（Insurance）及保险以外的转移。保险仅以纯粹风险为对象，而后述的ART，不仅包含纯粹风险，市场风险也属于其承保对象。保险是通过向保险公司支付保险费，将来可能发生的损失由保险公司负担，以此将风险转移，是利用最广泛的风险转移手段。通过保险转移财务损失的优点是，对于不规律损失的发生，以保险费这种经常费用的形式应对，事故发生时，企业损失可以通过收取保险金得到补偿。

一方面，通过保险的风险转移，虽然在企业的立场来看，可以作为风险应对手段发挥作用，但却存在无法降低社会全体及根本性风险的局限性。例如，对于工厂发生爆炸造成的损害，保险虽能补偿损失，却不能防止爆炸这一事件的发生，也无法降低由此引发的社会损失。

保险以外的转移，包括保险类似的手段、风险转移合同、风险抵消、非传统风险转移（ART）等。有共济、保证、与保险类似的各种储备等手段，为当事人或集团损失做准备的构造。风险转移合同，是指损失发生时由对方来承担这一条款以合同的形式对其明确化的方法。风险抵消指的是将具有负相关关系的风险（价格变动等）组合从而减小风险的方法，ART就是将保险与金融技术相融合的风险对冲手法。

3. ART和风险融资

ART（Alternative Risk Transfer）如字面意思所述，包含代替（Alternative）和风险转移（Risk Transfer）两个要素。「Alternative」表示另外一个选项，即替代的、非传统的、新的等意思。狭义的ART作为保险以外的新型风险转移手段的总称，与保险相对，也被译为代替风险转移。而广义的ART是指代替传统保险手法的新型风险管理方式的总称，包含了创新含义。

主要的风险融资方式如表16所示。

表16　风险融资方式

分类	风险融资方式	承保方的风险/特征	具体例子
保有	公司内部储备	公司内部储备的储备金等。	内部资金
	专业自保公司	商业公司等为承保公司或集团公司的风险而专门设立/控制其所有权的保险公司。	保险合同
	应急资本（负债）	基于事先定好的融资限度框架或利息条件，当紧急事态发生时保证能够借入资金的方法。	或有资产承诺额度
	有限风险保险	一种多年合同，由一定期间一定金额的保险金逐步构成的保险制度。	保险合同
转移	保险	损失发生时支付保险金。	保险 再保险
	保险连接型证券（ILS）	通过连接性证券化，在损失发生时获得保险金。	CAT债券 成数再保险 ILW 抵押再保险
	应急资本（股权）	紧急事态时，企业通过购入期权，使股票等能够以预先约定好的价格发行。	或有权益投入
	保险衍生工具	衍生品交易（期权/互换等），交易对象为与保险关联风险相联动的指标的变动等。	天气衍生品

(出处) 根据多个资料整理作成

风险融资和ART可按图38进行分类。

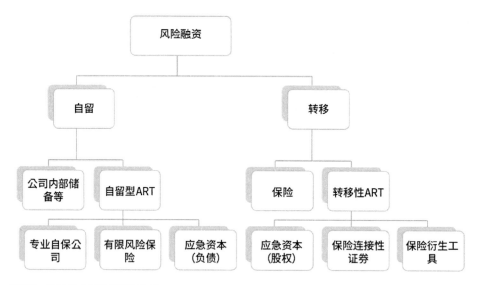

图38　风险融资和ART的分类

(出处) 根据多个资料整理作成

　　对于ART的定义有很多，ART可定义为为达成风险管理目标，保险市场和资本市场间转移风险的新的商品、媒介或解决方案，ART市场是创新的保险与资本市场的解决方案复合起来的风险管理市场[28]。转移风险的新的商品、媒介（Vehicles）或解决方案有以下几种。①转移风险的新商品（Products）是指为达成风险管理目标而使用的手段或方法，代表性的有保险连接型证券或应急资本、保险衍生物等。②转移风险的新媒介（Vehicles）的代表有为达成风险目标使用的专业自保公司、特殊目的公司（SPC）等。③转移风险的新解决方案（Solutions）指为达成风险管理目标，广泛使用多个商品或媒介的计划，代表有企业风险管理流程。

　　ART同有限风险保险一样，采用限定保险时间/风险方差的方法，将金融衍生工具或证券化等金融创新工具运用到保险行业，使资金能够从金融市场引入，其作为保险与金融的重合领域不仅多样化，还将二者特征结合了起来。

　　ART的分类示意图如图39所示。

28　Erik Banks, *Alternative Risk Transfer*, John Wily & Sons, Ltd. 2004, pp.49-50.

图39　风险管理中ART的分类

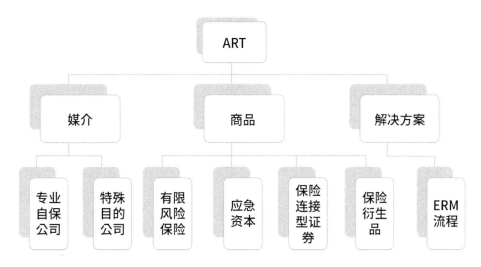

(出处) 根据多个资料整理作成

　　在风险转移路径中，ART按下列阶段分别进行。商业公司将一部分保有的风险转移到原保险公司和金融市场，并保留剩余的风险。承保商业公司风险的原保险公司，也会保有一部分风险，剩余的风险再次通过金融市场或再保险（再保险公司或专业自保公司）转移。再保险公司或专业自保公司又会进一步将承保的风险部分持有，剩余的转移到再保险市场或金融市场。

图40　风险转移路径阶段ART的应对

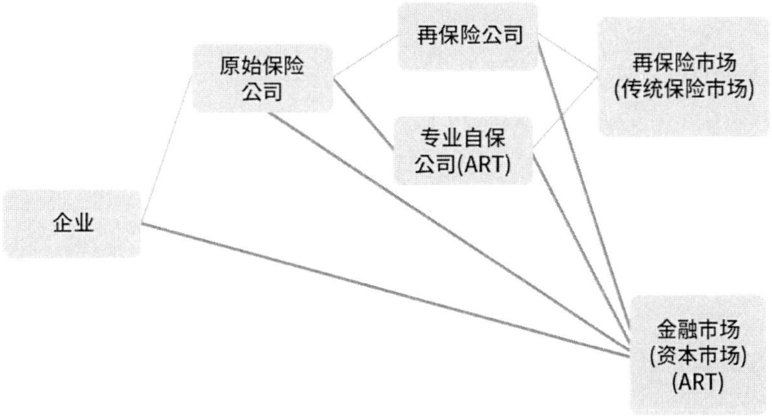

原始保险公司

再保险公司

再保险市场
(传统保险市场)

专业自保公司(ART)

企业

金融市场
(资本市场)
(ART)

(出处) 根据多个资料整理作成

保险公司主要关注的保险风险，由承保风险（Underwriting Risk）和时间风险（Timing Risk）构成。承保风险指发生风险（Occurrence Risk or Frequency Risk）和严重程度风险（Severity Risk），时间风险是指事故发生时间的不确定性。例如，终身保险是仅存在时间风险的保险。终身保险在被保险者死亡时支付保险金的死亡保险，保鲜期无限长，人死为必然，因而对所有合约而言都会支付保险金，不存在承保风险。终身保险中的时间风险，表示以保险公司为立场的对保险事故发生时间的相关预测的不确定性。

另一方面，商业公司有因筹资时间差引起损失的可能性，时间风险虽然主要用于金融领域，这里筹资时间差引起的企业价值损失的可能也被称为「时间风险」[29]。

「大数定律」在保险中是指这样一种保险定律，当集有大量同种合约时，统计学意义上的概率将变得稳定，风险发生的概率变动将会很小。对大数定律不起作用的风险，ART利用长期合同在时间上分散风险，或者结合新的金融方法，充分运用资金丰富的金融/资本市场，通过进一步的统合将保险与金融在功能上进行互补，实现新的风险融资手法。

4. 金融市场

广义的金融市场（Financial Market）是指进行资金借贷市场或调节资金供需的市场。利率是金融市场形成的金融交易的价格。根据资金交易时间，金融市场分为不满1年的称为短期金融市场（Money Market），以及超过1年的称为长期金融市场（Capital Market）。短期金融市场分为金融机构间相互借贷的银行间市场和一般企业或投资者也能够参与的开放市场，长期金融市场分为股票市场和债券市场。

金融市场（Financial Market）的分类如下所示。

29　銀泉株式会社『企業におけるリスクファイナンス手法 － 代替的リスク移転手法（ART）の種類と活用事例-』2014年、pp.3-4。

图41 金融市场（Financial Market）的分类

(出处) 根据多个资料整理作成

短期金融市场有银行间市场和开放市场。短期资金市场/票据市场是金融机构间进行短期资金相互借贷的市场。与之相对的债券回购市场/CD市场/政府短期证券市场，由于一般企业与投资者也可参与其中，因此属于开放市场。

长期金融市场也称为资本市场或证券市场。有时也把金融市场定义为广义金融市场去掉资本市场（证券市场）的部分。

5. ART对财务的影响

通常情况下，风险发生时，对财务报表的影响来看，损益表及资产负债表会产生负面影响。也就是说，由于收益减少、费用增加、损害发生会造成损益表上利润的减少。更有甚者，当陷入赤字时，资产负债表中作为净资产部分的留存收益/资本盈余/资本金将减少。风险发生对企业利润及净资产造成影响的同时，也对资金余额产生影响。

ART的种类与资产负债表上对财务的影响关系（B/S）如图42所示。

图42　ART的种类及对财务影响的关系（B/S）

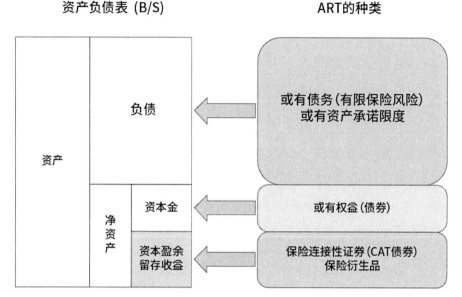

资产负债表（B/S）　　　　　　　　　　　ART的种类

| 资产 | 负债 | ← | 或有债务（有限保险风险）或有资产承诺限度 |

资本金　← 或有权益（债券）

净资产　资本盈余留存收益　← 保险连接性证券（CAT债券）保险衍生品

(出处) 根据多个资料整理作成

　　保险具有减轻风险发生时对损益表中的利润及资产负债表中的净资产造成的负面影响，并补偿其损害的功能，但由于损害调查及保险金的支付需要一定时间，可能会无法作为紧急资金使用。另一方面，金融具有防止陷入资金无法结算及延迟支付等风险的机能，但并没有直接保护企业利润及净资产的机能。因此，在选择风险融资方法时，有必要对风险发生对企业财务报表的哪一部分多大程度上产生影响的可能性进行分析，选择适合的有效手段。

　　ART的种类与损益表上对财务的影响关系（P/L）如图43所示。

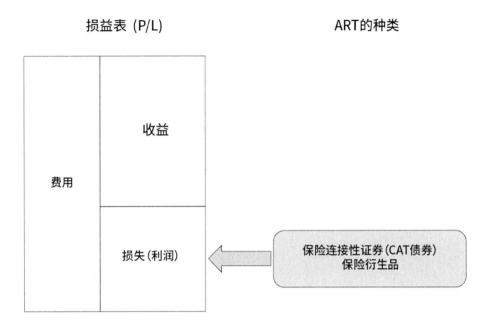

图43 ART的种类及对财务影响的关系（P/L）

损益表 (P/L)   ART的种类

收益

费用

损失 (利润) ← 保险连接性证券 (CAT债券)
                  保险衍生品

(出处) 根据多个资料整理作成

　　此外，保险衍生品等，虽然实际会计处理具有多样性，但结算金额与期权费等差额被视作收益。损害保险等保险金被视作收益。然而，或有权益为资本，或有负债为负债，不对资产负债表产生影响，只对损益表产生影响。虽然按照损失保险或保险衍生品、或有权益、或有负债的顺序在会计上消除损失的效果显著，但一般来说其代价是，顺序相反时价格低，损失保险费用最高，或有负债最低。保险的保险金为会计上的收益，因此虽然作为补偿灾害损失效果显著，成本也在增加。

　　或有权益是风险发生时，由于是以资本的形式融资，没有返还义务，在不使负债比率恶化的情况下补偿损失变得可能。然而，风险发生后股价下跌可能性高的情况下发行新股，会使股价进一步下跌，因此让承保风险的投资者比较困难。

RISK MANAGEMENT

第9章　作为风险融资手段的保险的局限

保险可作为传统风险融资手段。然而，保险的构造决定了其作为风险融资手段存在局限。本章将对此局限进行概述。

1. 保险和风险融资

如第1章所述，风险包含保险可以应对的纯粹风险及无法应对的投机风险，其中针对后者的保险不存在。没有对投机风险进行保险，正是保险作为风险融资手段的局限所在。风险融资中，风险分类无关，只是因为有必要应对。

另外，保险制度上，为区分保险与赌博，如下述所叙，18世纪导入了可保利益这一概念。据此，利用保险行赌博之事变得不再可能，且被为贯彻不得获利原则而形成的实际损害补偿原则所替代。因而保险制度被评价为对社会有利的存在，保险产业得以持续发展。

然而随着将可保利益的概念导入保险制度，从保险中获利变得不可能，保险市场对追求利益的投资者来说不再有吸引力。其次，保险事故发生时，为遵守损害补偿原则有必要进行损害调查，支付保险金以前需要花一定时间。再者，根据下述的保险价值与保险金额的关系，对于保险金额小于保险价值的不足额保险，按照比例补偿原则，保险金按照损害额乘以保险价值与保险金额之比支付。另外，即便是保险可以应对的风险，也发生过由保险市场变动引起的保险费急剧升高，或是保险公司拒绝提供保险等保险危机。

这些保险局限的问题，促进了ART等新型保险融资手段的发展。本章将讨论作为风险融资手段的保险的局限。

2. 可保利益与保险

(1) 可保利益与禁止获利

作为保险风险转移的回报，保险是保单持有人向保险公司支付保险费，担保风险的损害发生时，保险公司向保单持有人支付的制度，逐渐被用作传统风险融资的手段。17世纪，以贵族或名人的死亡或财产为对象，通过使与之没有利害关系的第三方加入保险，将保险作为投机手段来利用。这种对无利害关系的人或财产签订的保险合同被称作赌博保险（Gambling Insurance Policy）。

为禁止此赌博保险，保险合同中导入了可保利益的概念。可保利益（Insurable Interest）被定义为由某物造成了偶发事故，某人受到损害隐患时，某物与人间的利害关系（Interest）。不包含可保利益的保险合同是针对没有受到损害隐患的人或财产订立的保险合同，因此被保险人不会受到损害。

损害保险是以损害发生时支付保险金为目的，因此存在可保利益这一前提条件对于保险合同来说是必要的。据此，损害保险合同的目的（Subject of Insurance）属于可保利益，保险标的物（Subject-matter Insured）由船舶、货物等物品向被保险人的利益转化，由此将赌博与保险区别开来。

英国海上保险法1745（Marine Insurance Act 1745）禁止了不存在可保利益的保险证券的发行，1909年英国海上保险法（the Marine Insurance (Gambling Policies) Act 1909）中，将不存在可保利益的保险合同定义为赌博保险，该合同属于无效合同，订立赌博合同当事人将受到6个月以下有期徒刑或罚金等处罚。此外，在英国，对于他人生命为标的缔结的保险合同，虽然没有相关制约，其弊端在18世纪多有显现，于是1774年制定了人寿保险法（Life Assurance Act 1774），不存在可保利益的保险合同被明令禁止。

日本的保险法中，规定可保利益「应涵盖符合保险目的的因保险事故发生而造成的被保险者经济上受到损害」（保险法第3条、第9条），没有可保利益的损害保险合同属于无效合同。对于一个保险目标，所有者、抵押权人、债权人等立场各不相同，拥有不同可保利益时，可以分别独立缔结保险合同。

可保利益必须能够用货币衡量。「损害补偿原则」是指保险金的支付额以实际损失额为限度的原则，可以理解为可保利益概念的派生物。此外，禁止获利原则是指发生损害时，不能获得高于实际损害额的保险金。如果说「损害补偿原则」是从保险公司支付保险金的观点出发的话，那么禁止获利原则就是从被保险人获取保险金的观点来看。根据损害补偿原则和禁止获利原则，保险合同人等以损害额为上限领取保险金，而不能进行获利行为，因而防止了道德风险的发生。道德风险（Moral Hazard）是指加入保险后利用保险制度企图从中获利这一保险合同人或被保险人的心理现象。

另一方面，在日本的人寿保险合同中，有无可保利益无需考虑与合同的成立及其功效等相关问题。人寿保险，将具体业务领域作为与生死相关的风险，被保险人、保险受益人、保险金都可由当事人自由决定。虽然在损害保险合同中将保险价值作为对可保利益的评价，但由于人寿保险中可保利益不属于合同要项，并不存在评价额度。因此，人寿保险合同中没有损害补偿原则和禁止获利原则这两个概念。

与英美人寿保险中必须存在可保利益不同，在日本的人寿保险中，无关可保利益是否存在，采取的是同意主义，只需征得被保险人同意即可。可保利益对防止赌博保险有效，同意主义对防止道德风险有效。被保险人（The insured）在损害保险中是指可以获取保险金的人，而在人寿保险中是指成为保险对象的人（Insured Life），获得保险金的则被称为保险受益人（Beneficiary）。

诸如此类以保险合同的有效性为前提，通过导入可保利益这一概念，将保险与赌博区分开来。由此使保险产业蒸蒸日上，保险制度也被认为是对社会有利的制度。

(2) 保险价值与保险金额的关系

评估的可保利益金额被称作保险价值（Insurable Value），是受到损害时能获得的最大金额。而作为保险公司应当补偿的最高金额，当事人在合同上约定的金额称为保险金额（Insurance to Value）。签署保险合同时，评估所有合同的保险价值在实际操作中非常困难，因此保险合同人为节约保险费，并不一定将保险价值的全部进行投保，保险金额由合同的当事人之间自由决定。

当保险事故发生时，保险公司向被保险人支付的金额为保险赔付金（Insurance Payout：Insurance Money：Insurance Proceeds）。损害保险中的保险赔付金以保险价值/保险金额/损害额三者中金额最低的为限额（重置价值保险例外），以此贯彻禁止获利原则。

另一方面，保险金额小于保险价值时被称为不足额保险（Under-Insurance），当发生损害时，只要没有特殊约定，原则上按比例赔偿原则（Principle of Average）进行赔偿[30]。

按比例赔偿的保险金，其计算方法如下。

$$保险金 = 损害额 \times \frac{保险金额}{保险价值}$$

例如，对车辆价格（保险价值）500万日元的汽车进行投保，按保险金额300万日元缔结保险合同，此时应当支付的保险金为损害额乘以保险金额与保险价值之比（60%）。如果该汽车发生了300万日元损害，应当支付的保险金并不是全额支付，而是在没有特殊约定的情况下对其适用比例补偿原则，只支付损失额的60%，即180万日元（300万日元×60%）的保险金即可。

另外，保险金额大于保险价值的保险合同叫做超额保险（Over-

---

30 比例补偿之所以被认可，保险费不足是一有力说法。即是说，由于小额损害更加多发，处理起来需要花费很多费用。然而，保险费是以全体保险为前提计算出来的，并未考虑发生概率高的小额损害的比率。为填补这一空白，理论上应提高不足额保险的保险费率，但实际操作中比较困难，支付保险金时通常进行调整。

Insurance），不对超过保险价值的金额进行支付。重复保险（Double Insurance）是超额保险的特殊形式，是对同一保险标的物来说，可保利益/附带风险相同、且在重复期间内的有数个损害保险合同，这些合同的保险金额总计超过保险价值的情况。也就是说，重复保险是对同一保险利益存在数个保险合同，造成超额保险，这些合同中重复的部分属于重复保险，可保利益与附带风险、保险期全部3个因素中，各自只有部分重复的情况也算在内。重复保险中，各保险公司计算的是在没有其他保险合同时应负担的保险金，对计算额度进行全额支付，这被称为独立责任额全额主义。

对此，共同保险（Coinsurance）是指对于同一可保利益数个保险公司对其保险金额（即风险）进行分担。数个保险公司以一个保险合同的形式分担风险，由执行公司决定，执行公司通过设置事务处理窗口，将其与重复保险相区分。由此针对部分保险的比例补偿原则可以适用，制度化地保障了超额保险或重复保险中超过保险价值的部分不被支付。

日本的人寿保险与损害保险不同，可保利益不作为合同条件，因此实际损害不会造成问题，属于只需要按合同中规定的保险金额支付保险金的「定额保险」。由于没有可保利益作为合同要项，因此不存在表示可保利益与保险价值关系的部分保险/全额保险/超额保险/重复保险的概念。

(3) 代位

只在损害保险中才有的代位（Subrogation），包含残存物代位（Subrogation Regarding Loss or Destroyed Property）和请求权代位（Subrogation Regarding Claim）。残存物代位是指全损时保险金额全额赔付的情况下，保险公司获得对被保险人的保险标的物的权利。部分保险的情况下，保险公司获得保险金额与保险价值之比的那部分权利，与被保险人共有残存物。被保险人同时拥有保险金和残存物的权利的话，损害发生时，反而会让被保险人获利（防止获利说）。这里的全损是指，保险标的物无法再以原来的形式使用（也有可能以其他方式使用）。另外，虽然能够进行物理修复，但是其费用的预算额超过了抱歉价值时也被视作全损（经济上的修复不可能）。

根据残存物代位，保险公司按照全损支付保险金，并在法律上自然获得保险标的物的相关权利。且残存物代位权的取得，不需要被保险人进行有关权利转移的意思表示，条件满足时，该权利由保险公司自然取得。通过残存物代位，保险公司虽然能够回收部分保险金，但由于获得了残存物的权利，作为残存物的所有人有义务对其撤除，反而有时会造成庞大的费用负担。

为应对此情况的发生，保险公司会在条款中规定，当保险公司通过意思表示不获得残存物权利并支付保险金时，被保险人保有的权利将不会被转移到保险公司（家用汽车综合险等），或只要不对获得残存物所有权进行意思表示，所有权就不会转移至保险公司（住宅综合险等），亦或者放弃残存物代位权的获得，通过残存物相关权利的转移使保险公司回避负担。

代位求偿是指，由于第三方行为导致保险事故损害发生，保险公司向被保险人支付保险金时，保险公司所支付的金额限度，将变为被保险人获得的对第三方拥有的权利（损害赔偿请求权）。

代位求偿如图44所示。

图44　代位求偿

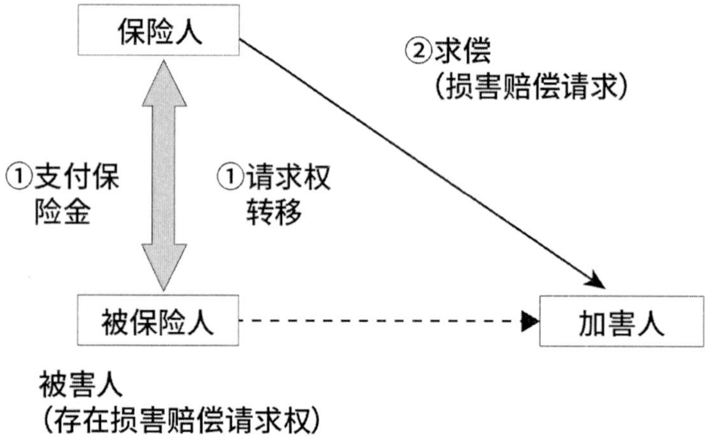

(出处) 根据多个资料整理作成

代位是法规下自然生成的，无需具备当事人的意思表示/对抗条件。保险合同人/被保险人将负有权利保全义务（条款）。即便是代位的情况下，保险制度仍贯彻禁止获利原则。

3. 美国保险危机

从企业（被保险人）的立场来看，保险的特征是通过支付一定金额的保险费，将大金额损害发生的可能性转移向保险公司。然而，伴随保险危机的发生，保险费急剧升高，保险公司开始拒绝承保。这种状况使企业很难进行稳定的风险管理。

(1) 美国保险危机的发生

保险危机（Commercial Insurance Crisis）表示保险公司由于其承保能力的问题，所谓「保险公司不再进行销售，因此无法获得保险」的无法获得（Unavailability）问题，以及「保险费太高无法承担」的无法承担（Unaffordability）问题。美国保险危机有第一次保险危机和第二次保险危机。

① 第一次保险危机

1960年代末到1970年代，石棉（Asbestos）诉讼等PL（Product Liability）诉讼案件激增。结果造成保险公司收益状况恶化，保险费与前一年相比上涨了5～7倍。因而无法购入PL保险，被迫破产或破产的企业也开始增加，由此产生社会问题，进而造成了1974～76年的第一次保险危机（Commercial Insurance Crisis）。

② 第二次保险危机

1985年到1987年间，规模远大于第一次保险危机—PL危机的第二次「保险危机」爆发了。举例来说，当时的责任保险费在半年之内急剧增加了5倍，导致一半左右的溜冰场被关闭，妇产科12%的人拒绝分娩等事件等发生。

经计算，这成为当时劳合社（Lloyd's of London）300年历史记录上最大规模的商业损失，在会长皮特·米勒（Peter Miller）的警告中指出了事态的严重性，美国保险公司的相关责任风险费用率若大幅增长，将会承受索赔依据（Claims Made Basis）及诉讼费的内部付款条款带来的损失，更有甚者，若不改善美国的法律制度，将无法承保责任保险或再保险。索赔依据（Claims Made Basis）是，身体残疾或财物损坏等损害赔偿请求的原因，由于发生在追溯日期（Retroactive Date）以后，仅在在保险期内申请保险金的情况下，才能成为保险金支付对象。

关于这些保险危机的原因诸说纷纭，其中包括承保周期、现金流承保、惩罚性赔偿、裁判制度等。

(2) 承保周期

承保周期（Underwriting Cycle）指柔软市场（Soft Market）和僵硬市场（Hard Market）交替变化的循环，即保险费上升和下跌的周期性循环。保险费急剧上升，保险公司限制承保的现象，被称为保险市场的僵硬化或僵硬市场（Hard Market），保险费下降，保险公司缓和其承保的条件，被称为保险市场的柔软化或柔软市场（Soft Market）。上述的保险危机，有观点认为是柔软市场和僵硬市场每隔数年重复发生的承保周期中僵硬市场的问题。

美国在1989年到1993年的4年间，地震风险的保险费上涨了大约2.5倍。类似这种保险市场的僵硬化，一旦开始将持续数年，造成大幅度的费率上升和保险公司承保能力（Capacity）的枯竭。此后1993年至1999年的6年内，地震相关的保险费率持续低下。在这样的柔软市场中，不仅仅保险费率下降，保险金额和担保范围等的承保条件也被放宽。

(3) 现金流承保

现金流承保（Cash Flow Underwriting）指将收取保险费开始到支付保险金为止的时间段内，考虑保险费的预计收益，从而设定保险费率，并以此费率为基础承保。美国曾在降低保险费率的竞争中实行了现金流承保，将保险业务盈亏中利益降低的部分通过投资收益进行填补。

现金流承保，适用于从收取保险费到支付保险金需要较长时间的存在长尾（Long Tail）的产品责任保险（Products Liability Insurance）或职业责任保险（Professional Liability Insurance）等，曾在1980年前后的高利率时代非常流行。原因是这些责任保险，为评判等需求，确定实际损害额，支付保险金为止的长时间内出现长尾的情况很多，这一期间内可作为储备金的资产管理。

长尾（Long Tail）如图45所示。

图45　长尾（Long Tail）

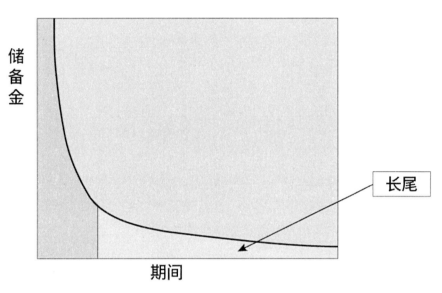

(出处) 根据多个资料整理作成

　　然而，随着金融市场的变化，现金流承保无法在低利率下通过资产管理提高收益，造成了保险公司陷入大额损失的状态。保险公司为应对此情况，大幅度调高了保险费，并设置了更加严格的承保条件。

　　下面对现金流保险（Cash Flow Underwriting）进行举例说明。假设A保险公司签订了保险金额10万美元，保险期为10年，年保险费为250美元（总保险费为2500美元）的汽车保险。但保险合同人有DUI（Driving Under Influence：药物影响下驾驶）的记录，保险公司知道预测的保险金支付额将超过2500美元，仍存在以承保损失为前提下签订保险合同的情况。现金流承保常被作为低价的短期买卖战术而使用。保险公司对收取的保险费将用预计获得高收益率的方法进行资产管理，寄希望于获得保险费折扣金额以上的投资收益。

(4) 惩罚性赔偿

惩罚性赔偿（Punitive Damages，Exemplary Damages）是指损害赔偿制度中，加害者被判定为恶意，通过法庭或陪审团的判决，为弥补损害而附加赔偿金（Compensatory Damages）的损害赔偿。采用这种制度的主要为英美法系国家，日本并没有采用。美国在继承英国法律建国初始便出现了这种惩罚性赔偿的判例[31]。

知名的惩罚性赔偿事例有福特平托车案（Ford Pinto）。福特公司面向北美市场研发的汽车模型平托于1970年9月11日开始发售。这一车型在1972年州际公路系统行驶时发动机熄火，被以约50km/h的后方车辆追尾并起火。这次交通事故导致车内男性司机死亡，同车人员重大烧伤。

福特公司在研发平托车时，通过共用已有水星车型的部件等，将通常需43个月的研发周期缩短至25个月。经判定，平托车在产品研发阶段，汽油箱和保险杠间的距离非常近，保险杠的强度不够，于是导致追尾事故发生时产生了火灾。基于联邦机动车辆安全标准第301条，美国运输部在1973年向福特公司提议解决其燃料系统问题，然而福特公司却以「产品虽然存在缺陷，但由于更改设计和产品改造所需的费用太大，将个别事件判断为车辆缺陷，以支付损害赔偿金的方式来处理更加合理」的回答将此驳回。

经福特公司计算，若更改设计和产品改造的话，费用将减少4953万美元（死者数减少：180人×20万美元=3600万美元，重伤者数减少：180人×6.7万美元=1206万美元，车辆事故减少：2100台×0.07万美元=147万美元），而产品改造的生产费用预算将增加13750万美元（1250万台×11美元）。在此计算结果的基础上，分别比较在进行和不进行更改设计和产品改造的情况下，后者的费用更少，而这一判断并非基于安全因素的考虑。

根据原福特公司员工的证词，福特在明知产品存在缺陷的情况下而不采取安全措施，反而继续进行研发，只通过比对费用而罔顾安全措施，于是有了售卖缺陷车的行径。

福特平托车案（Ford Pinto）以福特公司赔偿超过1亿美元的损害赔偿金的判决结果而闻名（补偿赔偿：280万美元，惩罚赔偿：12500万美

---

31 众所周知的有1784年的Genay vs. Norris（1784）等案。

元）。此事件还成为20世纪福克斯1991年上映电影『集体诉讼』（Class Action）的原型。

(5) PL（Products Liability）诉讼

产品责任（Prouct Liability；PL）是以救济产品缺陷的被害者为目的，1960年代在美国确立，随后日本也在1994年6月22日制定了产品责任法，并于1995年7月1日起实施。产品责任法也成为PL法，当产品缺陷导致生命/人身或财产发生损害时，被害者无需举证制造公司等的过失，可以直接向对方请求损害赔偿。

有关美国的PL诉讼有以下事例。一名十几岁少女为使房间中充满香气，将香水洒在蜡烛上，气化的酒精造成着火，导致同屋朋友烧伤，由此香水制造商被问责。

另一案例中，为了让淋了雨的宠物犬变干将其放进烤箱，结果让狗因烧伤死亡。此案例中，制造商并未对宠物干燥的危险性做出相关警告，因此被认定负有损害赔偿责任。另外还有从天花板上掉下来受伤的强盗，对屋主提出了损害赔偿的要求，也被判决通过。

还有石棉（Asbestos）事件的案例。石棉是直径在0.02～0.2微米的矿物质纤维，具有优质的隔热性、绝缘性、吸水性且易被加工，在建筑材料、电器产品、汽车零部件等的制造领域具有广泛应用。1960年代，吸入纤维后肺部刺痛，甚至引发肺癌的案例在美国发生。而全美有1,500万儿童及140万劳动者在含有石棉的建筑中学习和工作。此后EPA规定，1986年将部分禁止、10年后将全面禁止石棉的使用。

学校和企业对石棉的去除费用作为损害（包含部分惩罚性赔偿额），对石棉制造商提起了损害赔偿的诉求。特别是1973年，制造商的产品责任（PL）被认定后，对石棉制造商的PL诉讼急剧增加。在石棉引起的损害赔偿请求诉讼中，原告的胜诉率近8成，这些胜诉判决中，损害赔偿额平均达到702000美元。

(6) 裁判制度

美国律师制度存在的一些问题。美国企业聘请律师的报酬按小时支付，据称1小时约150～500美元。与此相对，个人损害赔偿诉讼中律师的报酬实行成功报酬是指，不从诉讼方那里取得报酬，而是胜诉后从对方处获得的损害赔偿额中，抽取3～5成作为报酬。

若要在美国取得律师资格，需要在大学毕业后，还要到法律院校进行通常为期3年的课程，毕业后还要通过司法考试。司法考试实行绝对分数制，只要满足一定标准即可合格，与考试参加人数无关。考试合格率，除去较难通过的纽约州和加利福尼亚洲（约60%）以外，大约有80%可以通过[32]。

在英国，民事诉讼中原则上废止了陪审团制度（Jury System），而在美国，这一制度仍继续维持，惩罚性赔偿额的确定，原则上遵从陪审团意见。这种陪审团制度主要在美国和英国为中心的英美法国家实行。

陪审团制度是指通常由12名陪审成员构成的「陪审员」团体，刑事诉讼和民事诉讼中，通过法官不参与的评议，进行事实认定及法律适用。民事诉讼中的陪审团，原则上与判处被告人有罪/无罪的刑事诉讼不同，还要对被告是否需要附加赔偿责任，其应付损害赔偿额进行认定。陪审团对损害赔偿金的法理及计算标准，虽然听取来自法官的说明（Jury Instruction），但其内容将作为一般性基准表示。

陪审员需要在审判开始到结束在法庭出席，对证据进行确认，听取证人的证词和律师或检察官的辩护，在其他独立房间中进行陪审员全员商议，原则上全员达成一致后可以独立于法官发布「判决书（Verdict）」。在美国称为陪审员需满足的条件为，年满18周岁的美国公民，在当地居住1年以上，没有读写障碍，精神及身体健康，没有被判处1年以上徒刑的前科或正在审理的案件。法院会将满足条件的人员从选举人员名单、课税账本、电话本等上面随机抽取，并发送传票。被传唤等人员由义务接受传唤，如果没有正当理由而不对传唤进行回应的话会受到罚金等处罚。相应

32　以2016年为时点，美国约有133万律师。而在日本律师协会联盟登录的律师，以2017年为基准，有38980人。

案件产生最终判决后，陪审员将自动解任。审判期间，陪审员禁止与律师等人员进行接触。

接受传唤的陪审员，由于在案件判决期间无法从事工作，其成员主要由时间充裕的主妇/老人/失业人员组成。这些人员法律修养较少，易被感情支配，因此在原告重病或死亡的案件中，他们更容易倾向于作出被害人有利的判决。

另一方面，日本的审判制度于2009年5月21日开始实施，是加入了陪审员的审判制度。这同美国的陪审团制度不同，仅限于重大犯罪相关的刑事事件，按事件分别选出6名陪审员，与法官一同参加审理。此制度适用的对象，地方法院的刑事判决中，杀人罪、故意伤害致人死亡罪、强盗致死伤罪、对处于居住状态建筑物等的放火罪、以赎金为目的的拐卖人口罪等相关判决。

RISK MANAGEMENT

第10章 专业自保公司和有限风险保险

商业公司以子公司的形式设立专业自保公司,将本公司或本集团的风险进行转移,从而灵活应对保险市场的僵硬化。而有限风险保险,保险公司和商业公司通过分担风险,用以应对常规保险难以承保的巨大风险。

本章将对自留型ART分类下的专业自保公司和有限风险保险进行概述。有关自留型ART中的或有负债将在第11章进行概述。

1. 专业自保公司

(1) 专业自保公司的定义

专业自保公司(Captive Insurance Company)是指保险业以外的商业公司或商业集团,设立的旨在仅承保本公司或本集团的风险的保险子公司。对于通常保险公司不承保的风险,商业公司也能够通过利用保险子公司确保其安定。

专业自保(Captive)一词有「被捕捉的」、「捕获的」、「控制住」之意,在保险中作为「母公司专用的」或「专属的」的意思使用。多数专业自保公司,在有着积极推动它的国家/地域的专业自保公司所在地(Captive Domicile)设立,那里有着完善的为配合专业自保公司运营的运营管理公司/律师/会计师/精算师/金融机关等。

1950年,专业自保公司在豁免公司法(Exempted Companies Act)下于百慕大(Bermuda)法人化。位于北大西洋英国自治海外领地的百慕大以支撑金融部门和观光产业的避税天堂（Tax Haven）[33]著称。

1960年代后半叶开始，以美国大型商业公司为主，为寻求有利的地理条件及监管/税收环境，纷纷成立了专业自保公司。如第9章所述，以第1次保险危机的发生为契机，商业基础的保险交易中，有可能变得不能投保或是保险费极高，当时的专业自保公司的成立就是以将这些风险进行转移为目的。1980年代中叶，美国赔偿责任诉讼激增，赔偿金额极大，如第9章第2次保险危机的发生中所述，连大型跨国企业都很难购买企业责任险、行政责任保险等责任险。为此，GM、GE、杜邦公司、陶氏化学、IBM等美国财富杂志500强的商业公司中的34家集结起来，在开曼群岛（之后移交至百慕大）成立了仅承保本企业风险的保险公司，其中也有日后发展成跨国保险集团的事例（如Chubb保险）。

1992年侵袭美国佛罗里达州的安德鲁飓风带来巨大损害后，购买自然灾害险变得困难重重，保险费不断攀升。为应对此情况，以美国为中心，由经纪人、投资人、再保险公司设立了专门针对异常灾害再保险的专业自保公司。作为仅靠保险公司无法完全消化的承保能力上的解决对策，发掘了保险风险证券化这一新的技术手段，正式将保险和金融进行了融合。

(2) 专业自保公司的形态

① 专业自保公司的本质

专业自保公司属于商业公司等利用保险子公司自留风险的自我保险的一种方式。自我保险指商业公司等内部建立与风险发生概率和损害额匹配的储备金或专用基金。单纯的自我保险通过内部保留或任意担保形成风险基金。利用专业自保公司的自我保险，仅是在使用专业自保机制这一形式上不同，在风险保有这一点来看，与自我保险无异。

---

33 避税天堂（Tax Haven）也称「避税港」，是指以吸引海外资本或富裕层资产为目的将税率设为零或极低的国家或地域。其中多数为当地没有可产生收入的产业，国家或地域规模较小，也有说法是黑帮等为洗钱而大量流入资金。著名的有英属开曼群岛、维尔京群岛等加勒比海的岛国，F1大奖赛举办地的摩纳哥公国以及圣马力诺共和国。中东及近东地区有迪拜（阿拉伯联合酋长国）和巴林等，亚洲地区有香港、澳门、新加坡等，由于税率极其低，事实上也算作避税天堂。

风险融资中，自我保险偏好可预测的小额风险，对于发生概率低，风险巨大的情况，更适合于以保险的形式将风险转移至第三方。然而，保险公司也无法承保的巨大损失，只能自留或自我保险。专业自保公司发展的背景包含传统保险市场下的承保困难、保险成本的节约、保险利益的内部保留等。

② 根据保险承保形态分类

根据保险承保形态，可将专业自保公司分为原保险专业自保公司和再保险专业自保公司。原保险专业自保公司不通过保险公司，直接承保母商业公司的保险合同。再保险专业自保公司，是指从承保母商业公司风险的一般保险公司那里将其合同的一部分或全部作为再保险接收过来。任何一种专业自保公司，都是作为保险公司的自我风险管理所必要的再保险或再再保险的筹备。专业自保公司承保的保险合同中，若事故发生较少则产生收益，相反事故发生较多则产生损失。

原保险专业自保公司中，作为保险公司的保险单交付义务（日本保险法649条第1项，683条第1项）及损害调查工作等会使业务负担较大。因此，设立多个原保险专业自保公司（Direct Captive Insurance）等事例不在少数。它们中大多数以再保险专业自保公司（Reinsurance Captive Insurance Company）的形式设立。这种再保险专业自保公司，是将普通保险公司（原保险公司）承保的母公司风险签订的保险合同的一部分或全部以再保险形式承保的专业自保公司，其管理大多委托专业自保公司所在国的专门管理公司来打理。

再保险专业自保公司的机制如图46所示。

图46　再保险专业自保公司

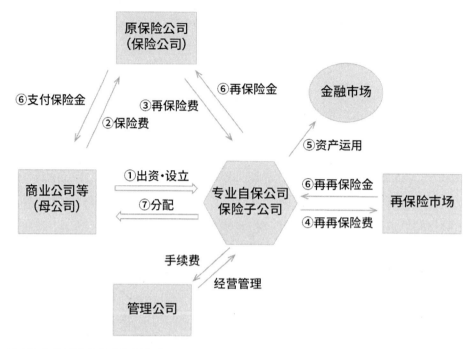

(出处) 参考经济产业省资料作成

③ 按所有权关系分类

根据专业自保公司的所有权形态，可分为所有权归单一商业公司或商业集团的纯粹专业自保公司（Pure Captive Insurance Company），所有权归无资本关系的数个商业公司或商业集团共有的协会专业自保公司（Association Captive Insurance Company），仅租借专业自保公司机能的租借式专业自保公司（Rent-a-Captive Insurance Company）。多数情况下，租借式专业自保公司只通过保证金设立，虽然无需为此出资，但存在管理自由度受到限制的问题。

租借式专业自保公司（Rent-a-Captive Insurance Company），保险公司或保险经纪人等对商业公司提供专业自保公司对便利性，从中收取管理费及租借费。租借式专业自保公司实行不自留风险，并承保风险带来的利益返还给用户的机制。商业公司取得租借式保险公司的优先股，当承保收益以单元产生时，可以以收取股息的形式获得收益。租借式专业自保公司拥有保险公司执照，通过此租借式专业自保公司可以向再保险市场进行再保险。

受保护的单元自保公司（Protected Cell Captive Insurance Company）是租借式专业自保公司的其中一种形态，持有保险公司执照的海外租借式专业自保公司的一部分单元自保公司能够「租借」。承保来自母公司风险的原保险公司，向被称作单元公司（Cell）的部分进行再保险。

受保护的单元自保公司的机制允许数个商业公司的风险由一个专业自保公司承保，并确保每个单元自保公司间没有财务上的相互影响。

租借式专业自保公司设立的背景是，通常设立专业自保公司的费用最低为2～3千万日元，管理海外专业自保公司所需的人事费或办公室租金等工夫/成本也有相当大的花费。租借式专业自保公司仅能享受把耗费工夫和成本的管理交给专业人员这一点带来的优势。

租借式专业自保公司与保险合同人的关系为：①商业公司借用租借式专业自保公司的「单元公司（Cell）」，支付租金。②国内原保险公司介入，利用此「单元公司」可以对商业公司风险进行保险。③通过「单元公司」可以向再保险公司进行再保险。④「单元公司」产生承保收益时，可以通过向获得优先股的商业公司以股息的形式进行返还。

受保护的单元自保公司的构造如图47所示。

图47 受保护的单元自保公司

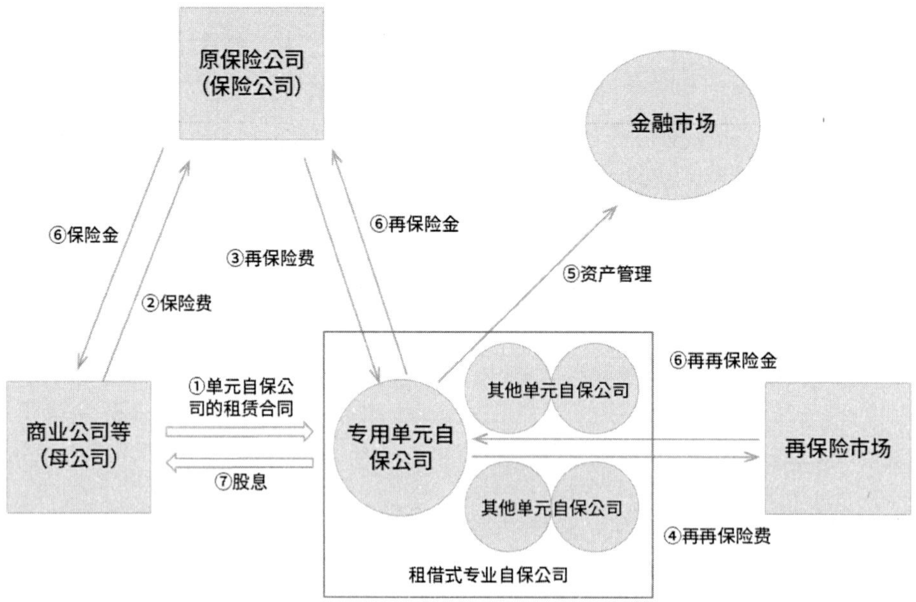

(出处) 根据多个资料整理作成

(3) 日本的商业公司及专业自保公司

日本的商业公司通常不在国内设专业自保公司，而是以再保险专业自保公司的形式在海外设立。考虑在日本国内设立专业自保公司时需要考虑以下事项。首先，需要能够在国内设立原专业自保公司。然而，该专业自保公司在仅承保母公司风险时，被视作无法取得保险公司执照，所以不属于保险公司，而是被放在了商业公司的位置。因此，母公司向专业自保公司支付的费用，不能被认作保险费，也就无法按照税法算作损失金额。其次，在日本设立再保险专业自保公司时，仅承保母公司风险的话无法取得保险公司执照，因此原保险公司向专业自保公司投保时，对原保险公司的再保险部分，不承认其责任准备金的扣除，而专业自保公司的准备金需要交税（准备金储备）。

再者，日本不承认商业公司等这类国内保险人在海外直接投保。这是因为为了有效监督保护国内合同人，保险法原则上禁止除海上保险/航空保险外的其他国内保险人向境外保险公司直接投保（保险法186条）。然而，保险公司与境外保险公司或再保险公司进行再保险交易不受投保限制。因此，设在国内的专业自保公司被视作商业公司的话，就有可能无法与境外保险公司进行再保险交易。另外，国内设立的作为原保险公司的专业自保公司，存在保险单交付等业务负担。考虑到这些问题，日本国内的商业公司设立的专业自保公司大多数都是境外的再保险专业自保公司。

商业公司在境外设立再保险专业自保公司时，该商业公司与境外专业自保公司之间，通过让国内保险公司介入，可以解决以下问题：①支付的保险费可以被算作损失金额。②境外设立的专业自保公司以设立国的低税率储备准备金成为可能。③国内保险公司和专业自保公司（境外保险公司）间可以签订再保险合同。④专业自保公司（境外保险公司）在境外取得保险公司执照，国内保险公司与其的再保险合同中，责任准备金的储备可以减少或扣除。

国内保险公司为了承保商业公司风险，向境外专业自保公司投保再保险，该专业自保公司需要足够的保险金支付能力，即偿付能力。这一条件的要求对象，包括与国内保险公司进行再保险交易的专业自保公司在内的所有保险公司。由于原保险与再保险是相互独立的合同，保险事故发生时，即便保险公司在境外专业自保公司的再保险中的再保险金无法收回，原保险也负有向商业公司支付保险金的义务。也就是说，原保险公司承担再保险交易中的信用风险。

境外设立的再保险专业自保公司的保险路径如图48所示。

图48 境外设立的再保险专业自保公司的保险路径

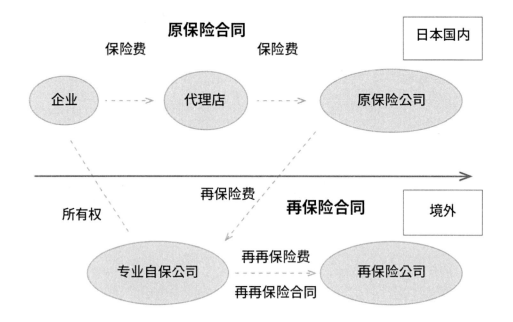

(出处) 根据多个资料整理作成

　　另一方面，多数境外专业自保公司无法独立满足偿付能力的条件。这种情况下作为其偿付能力的担保，国内原保险公司的母公司，即商业公司承担债务保证，或由银行开具保证支付的保证书，即备用信用证（Stand-by L/C），亦或者设立信托等情况逐渐增多。作为这些保证的替代，还有取得专业自保公司财务评级这一方法。对专业自保公司的评级，虽然不同评级机构结果不同，原则上以母公司财务评级为基准进行。

(4) 专业自保公司的优点

专业自保公司有以下优点。

① 风险管理

　　通过将商业公司的风险集中于专业自保公司，使掌握并数值化商业公司整体存在的风险成为可能。由此对风险进行改良，如果减少保险金的支付，专业自保公司的收益就可以增加，这份收益最终也将成为母公司的收益。

② 成本最优化

商业公司中作为「黑箱」的保险费和境外再保险的分配方法等，目前为止由商业公司掌握。利用这些情报，将商业集团的风险集中整合，一次性同保险公司进行谈判，在议价能力增强的基础上，能够实现降低保险费以及风险管理成本最优化。

另外，商业公司所负担的保险费由纯保费（Pure Premium）及附加保费（Premium Loading）构成。纯保费是保险费中为了支付保险金的部分，而附加保费中包含了保险公司的费用（代理费、营业费、一般费用）和利润。同自我保险相比，商业公司向保险公司支付的保险费只多出了附加保费的部分。保险金是事故发生的成本，理论上其金额在自我保险的情况下也是一样的。专业自保公司被认为是自我保险的一种方式，因而至少理论上，与普通保险相比，可以节约附加保费的部分。但是仍需考虑专业自保公司的成立及管理费用。

③ 针对投保困难的风险的金融手段

对于环境污染风险等投保比较困难的风险来说，进行自我保有和再保险的组合，能够将成本均衡化。通过直接访问境外再保险市场，可能会寻求到更多的风险承保方。

④ 保险费率变动的均衡化

保险费率升高时，将部分风险自我保有，剩下的部分进行再保险，根据不同状况，通过掌控风险保有量实现保险费率的均衡化。

⑤ 利润中心（Profit-Center）

如果专业自保公司获得稳定收益得以确保，便能够使专业自保公司成为利润中心。为寻求更稳定的收益，通过承保母商业公司以外的风险，或着积极从事保险工作，专业自保公司也可能成长为母商业公司的利润中心。

2. 有限风险保险

有限（Finite）意味着「限定的」，有限风险保险（Finite Insurance）如字面意思，表示与传统保险相比，只转移有限风险，进行有限补偿的保险。也就是说，有限风险保险是企业为对应个别风险而向保险公司支付的保险费，在一定时期内按一定金额逐步积累起来的保险。在灾害等情况发生时，保险公司会将企业已经积累的保险费和保险公司应分担的风险金额等进行总计，并在一定限额内支付保险金。

对于统计上难以确定发生概率和损失程度的环境污染/自然灾害等风险，大数定律不适用，按传统的保险方式分散风险非常困难。有限风险保险就是以这类风险为对象，为方便保险公司对风险承保，保险公司通过将合同定为仅转移时间风险，使转移至保险公司的风险成为有限（Finite）风险，形成保险公司和保险合同人共同分担风险的机制。有限风险保险为再保险合同的情况比较多，通常称为有限再保险风险（Finite Reinsurance）。

另一方面，时间风险（Timing Risk）是指能够通过存款或贷款等金融手段应对的风险。应对时间风险的保险曾被称为财务（再）保险（Financial (Re) insurance），如今多叫做有限风险保险（Finite Risk Insurance）或有限保险（Finite Insurance）。有限风险保险指转移至保险公司的风险，其构成限定为时间风险的保险的总称。有限风险保险有多种形式，作为自留的一种可被划分为内部自留，也可作为保险被划分。

有限风险保险基本上由保险公司先行支付保险金，保险费后续支付，因此保险公司抱有对作为保险合同人的企业的信用风险。因此，保险公司更加倾向于仅将那些确实有能力后续支付保险费的信用度高的企业作为签订有限风险保险合同的对象。有限风险保险的机制为，若合同期内投保事故未发生，合同结束时，作为保险合同人的企业，收取保险费总额内加入营业收入的退款，若事故发生，则负担大部分保险费总额的损失。

有限风险保险和风险转移的关系如图49所示。

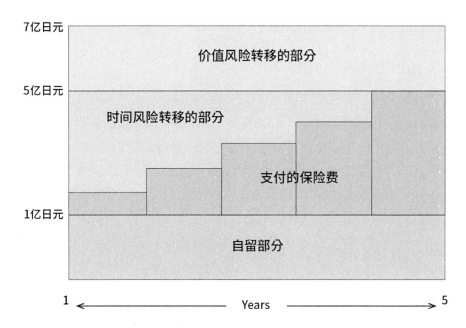

图49　有限风险保险和风险转移

价值风险转移的部分

时间风险转移的部分

支付的保险费

自留部分

7亿日元

5亿日元

1亿日元

1 ← Years → 5

(出处) 根据多个资料整理作成

　　因此有限风险保险不是保险或再保险，而是现金流计划。有限风险保险中，不存在带有传统保险特征的根据大数定律得到的价值风险（Value Risk）的转移，作为被保险人的企业，通过将时间风险（Timing Risk）转移向保险公司从而实现风险分担。

　　由于无法根据大数定律准确得知危险的方差，有主张认为有限风险保险不能算作保险合同。风险转移为限定的有限风险保险，为了能够成为保险产品，有必要达到与「价值风险的转移相当的水准」。至于风险的范围，虽然有观点认为应包含时间风险，这里的保险费是作为存款的一种，属于「财务」范畴，因此大多认为不应将其视作保险。如果不算作保险产品的话，向保险公司支付的资金将不是保险费，税务上也无法将其算入损失金额。于是最近的有限风险保险提高了作为保险的价值风险转移水平，与传统保险部分组合的形态逐渐增多。

　　有限风险保险多作为应对环境污染/PL等单一保险难以应对的、或需要大额保险费的风险的手段。因此，为使保险公司更易承保巨大风险，大多有限风险保险会设定单个或数个金额，表示每个事故的支付额度上限、年支付额度上限、合同期内总支付额度上限等。有限风险保险是针对每个签订合同的企业其自身状况单独制定的合同，合同内容各自独立性很强，种类繁多，其中代表有以下3种。

① 损失组合转移再保险

损失组合转移再保险（Loss Portfolio Transfer）是指保费预付的有限风险保险的原始形式。例如，合同期为10年，预计初始年度开始的10年内应支付的保险金，将其加入保险公司的预算经费和利益，从中减去预期的资金回报率得到的金额，作为保险费事先一次性支付给保险公司。这种类型的保险，除预付保费外，通常设定年度支付限额和总支付额，可以说是没有时间风险和价值风险的转移效果。

② 分散损失再保险

分散损失（Spread Loss）再保险指的是，对于一定时期内预计支付的保险金，其保险费按照每期平摊后支付一定数额的保险费，以平稳每个年度的收益为目的的有限风险保险。虽然一定时期内保险金基本确定支付，这种有限风险保险是为了支付时间未定的情况下，将一定时间内由于发生大额保险金支付而产生的时间风险转移给保险公司而使用。

此产品的合同期通常为5到10年不等，不能提前取消合同。通常情况下，年保险费可根据预计支付的保险金和保险公司的预计经费及利益的总额除以保险期计算出来。这一结果作为均等化支付保险费的依据。另外，合同期内即使发生了预计保险费总额以上的损失，与赔款责任转移再保险不同，也将支付超出部分的保险金。这部分超出金额，通过延长保险期限，以后付保费的形式返还给保险公司，因而不认为有价值风险转移。相反，合同期内的保险金总支付额少于预计保险费总额时，多以签订退款合同的形式解决。

③ 损失后资助计划

损失后资助计划（Post Loss Funding Program）指保险事故发生后获得保险金且保费后付的有限风险保险。这种有限风险保险，将被称作承诺额度（Commitment Line）（第11章）的信用额度的预订合同（金融产品）的思维方式引进了保险领域。这是一种企业将「承诺保险费」付给保险公司，与保险公司之间订立「预约保险」合同的方式。虽然承诺保险费以保险费的形式存在，实际上是保险合同的预约手续费，并没有作为风险转移直接回报的性质。

签订合同的企业支付的承诺保险费是保险事故发生时保险公司支付的保险金中的保险公司的费用/收益/利息等的合计金额，剩下的金额作为预先协商的支付期内分期支付保险费后续支付。这类有限风险保险同样也是为了保险事故发生后靠支付的保险金进行暂时的资金填补，具有转移时间风险的效果，但由于签订合同的企业获取的保险金又会以保险费的形式返还，虽然有均衡损益的机能，却没有转移价值风险的效果。

RISK MANAGEMENT

第11章 应急资本

应急资本指损失发生后，以负债和资产筹措资金的方法。本章将对应急资本进行概述。

1. 应急资本概要

应急资本（Contingent Capital）中的Contingent表示发生自然灾害等不测或偶发事件，ART中多将诸如自然灾害这种偶发事件等发生称为「非常时」。因此，应急资本是为非常事态的出现作准备的资本，表示在一定时期内，当事先设定的非常事态发生时，能够使企业进行资金筹措的方法。这里所谓的资本，其概念不仅指自由资本，也包含作为负债的他人资本。

应急资本与保险不同，会对资产负债表的资产或负债产生影响，即便触发（Trigger）也不会影响损益表，不包括保险连接型证券，通常将其归类于融资合同或投资合同。

利用应急资本的企业，表外交易中，无论非常事态是否发生都需要向资金供给方支付承诺费作为手续费。承诺费是非常事态发生时对提供资金这一约定付出的代价，与保险费类似，即使非常事态没有发生也不会返还。这种手段是在非常事态发生之前着手安排，非常事态明显发生之后，以事先确定的条件，可以利用不反映商业公司等的信用状况的筹资费用进行资金的筹措。若商业公司等在非常事态发生后欲筹措资金，会因为信用状况的恶化资金筹措费用将增加。保险公司或再保险公司也有很多这样的事例，将非常时的资金筹措手段考虑在内，利用应急资本而不是通过再保险等分散风险。

应急资本的分类如图50所示。

图50　应急资本的分类

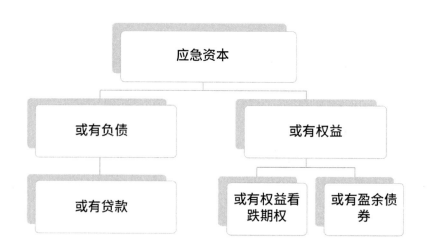

(出处) 根据多个资料整理作成

应急资本分为作为负债筹措资金的或有负债（Contingent Debt）和作为资本筹措资金的或有权益（Contingent Equity）。应急资本中的资本，除从金融机构借入资金以外，还包括债券、股票或结构性产品等多种形式的证券融资，不仅是作为自有资本的资产，作为他人资本的负债也包含在内。

2. 或有负债

(1) 承诺额度

承诺额度（Commitment Line）是银行对商业公司等的融资进行约束的合同，也称承诺融资额度或银行授信额度，指银行和商业公司等企业预先决定信用额度，在一定时期内无论非常事态是否发生，无需审查，银行向企业提供此信用额度内贷款的合同。商业公司等，通过承诺额度进行融资，不仅可以用来应对急剧变化的市场环境等带来的偶发事件，还能够作为日常周转资金使用。

也就是说，承诺额度不同于非常时期用来筹措资金的应急资本，日常也可以使用的资金筹措方法。作为代价，商业公司向银行支付承诺费（Commitment Fee）作为手续费。因此，银行通过设定承诺额度，融资时在通常利息的基础上，还能够额外收取与信用额度相对应的承诺费。

承诺额度在美国等国家作为传统手段频繁应用，但在日本直到1990年代后半叶还没有被使用过。其理由为以下几点。第一，日本有主要往来银行制度，商业公司在非常时期会从主要往来银行那里按照需要融资。然而，1990年代后半叶，在银行不良债券处理等背景下，银行业重组，以主要往来银行为中心的贷款无法向从前一样进行。第二，承诺费素来可以被视为利息，若其利率高于利息限制法及出资法的利率上限，会与法律相违背。债权人收取本金以外的金钱时，与名义无关，都被视作利息。

另一方面，承诺费是面向全体的信用额度，没有借款或小额借款的情况下，借款的承诺费可能会超过利率上限。不过，1999年3月制定的「有关特定贷款协议的法律」中，将承诺费从利息限制法及出资法规定的利息对象中去除了。

承诺额度的合同形式有双边（Bilateral/相对型）形式和银团（Syndicated/协调型）形式。双边形式如图51所示，属于商业公司与各个金融机构分别签订合同的方式。

图51 承诺额度中的双边（Bilateral/相对型）方式

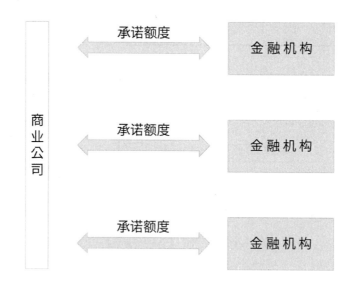

承诺额度

金融机构

承诺额度

金融机构

承诺额度

金融机构

商业公司

(出处) 根据多个资料整理作成

另一方面，银团方式指干事金融机构统筹数个金融机构（银团），使这些金融机构以相同条件设定承诺额度的方法。

图52 承诺额度中的银团（Syndicated/协调型）方式

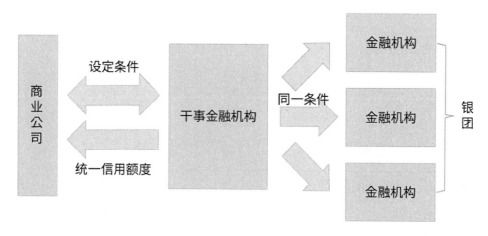

商业公司

设定条件

统一信用额度

干事金融机构

同一条件

金融机构

金融机构

金融机构

银团

(出处) 根据多个资料整理作成

然而，承诺额度合同中规定了银行有权拒绝融资的贷款实施前提条件（Condition Precedent; CP）[34]，与此前提发生冲突时无法实施融资。多数情况下，承诺额度合同中会加入由于灾害或系统故障等紧急事态，银行在金融市场筹措资金或汇款出现困难时，银行贷款义务可以豁免的不可抗力（Force Majeure）条款或MAC（重大不利改变条款：Material Adverse Change）。由此，企业遭受大灾害等带来的重大损失时，会对商业活动能否继续进行抱有疑问，银行判断其无法满足贷款前提条件时有可能会不提供融资。这种非常时期存在不提供融资的可能性这一有关承诺额度的问题，在后述的或有贷款中得以解决。

(2) 或有贷款

或有贷款（Contingent Loan）是非常时期的承诺融资额度，也被称为或有承诺额度（Contingent Commitment Line），指的是通过支付承诺费从而保障非常时期能够按预先约定的信用额度融资的合同。不以非常事态发生为条件的承诺额度合同的条款中，会有融资免责条款。免责条款之一便是由于银行责任之外的自然异变等不可抗力致使无法融资状况时的免责条款「不可抗力条款」，还有就是当判断融资方的财务处于显著不适合融资状况时的免责条款「财务限制条款」。或有贷款便是将这两项免责条款去除，确保在非常时期能够从金融机构筹到应对资金的合同。因此，或有贷款不允许金融机构以灾难造成的商业公司财务恶化为由拒绝其信用额度的使用。

商业公司等与银行等金融机构间预先签订或有贷款合同，地震等非常事态发生时可以借入资金。企业在出现紧急事态时想要获得银行融资时被拒绝，或者要在比平时更严苛的贷款条件下才能获得贷款的可能性比较高，这时利用或有贷款合同，预先确定紧急状况时的融资条件，可以将紧

34　Condition Precedent中的condition表示「条件」，precedent表示「先决」。即先决条件＝前提条件，前提条件的内容如果出现，合同中所记载的生效内容，被称为停止条件＝Condition Precedent作为前提，只要其内容没有实际出现，合同中的条款由于欠缺前提而不生效。
相反，Condition Subsequent表示解除条件，指直到某事态或行为发生为止，合同将继续的条款。例如，养老金的支付会一直持续，直到接受者死亡这一解除条件发生为止。

急事态时的借入条件固定下来。这一方法使信用额度内的即时资金调配成为可能，不过由于或有贷款属于负债，需要返还本息。另外，也有下图所示的SPC介入的或有贷款合同。

图53表示的是为确保非常时期能够顺利筹资，利用SPC事先筹资的过程。SPC与商业公司签订或有贷款合同，并与金融机构签订融资合同接受贷款。平时商业公司向SPC支付承诺费，SPC将承诺费与贷款资金对安全资产进行投资，其收益用于向金融机构支付利息。非常时期来临时，SPC将这笔资产变现，按照或有贷款合同对商业公司提供资金。在这之后，SPC向商业公司回收本息，将其偿还给金融机构。

或有贷款（非常时期承诺融资额度）的机制如图53所示。

图53　或有贷款（非常时期承诺融资额度）

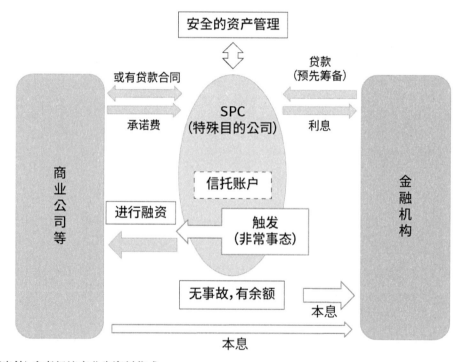

(出处) 参考经济产业省资料作成

3. 或有权益

(1) 或有权益（CoCo债券）

或有权益（Contingent Equity）也被译作「紧急股票发行」，表示预先确保的非常时期有承销股权权利的合同。或有贷款属于负债，有返还义务，而或有权益则是以资产的名义进行的筹资，因此没有必要返还。因此，或有权益可以防止非常时期商业公司等由于资本减少造成的信用降低。

如后述的CoCo债券，或有权益也多按以下方式设计：最初以负债的形式筹资，非常时期满足一定条件的情况下向资本转换。通过非常时期由负债向资本转化的机制，时间风险的转移功能中加入了价值风险的转移功能，形成具有类似保险的经济功能。但是，与保险的「损益交易」相对，或有权益属于「资本交易」，虽然有助于保护资产负债表的资本及资本公积，但不具备保护损益表中的利益及资产对照表中的留存收益的功能。另一点不同的是，价值风险的转移对象，在保险的情况下为保险公司，而在或有权益的情况下则为股东。

另一方面，CoCo债券（Contingent Convertible Bonds）也被称为「应急可转债」，是指附有限制条款的可转换公司债券。这是一种介于股票与债券性质之间的新型证券（混合证券），是在吸取世界范围的金融危机的教训下，加强自有资本控制这一趋势中，于2010年左右由欧洲金融机构为中心发行，此后作为一种亚洲、美国等世界范围的金融机构的资本强化手段而被广泛应用。作为发行方的金融机构，当其自有资本率低于预定水平时，CoCo债券拥有将本金的一部分或全部转换为股票的机制。与同一发行方的普通公司债券或次级债等相比，CoCo债券的收益率水平往往很高。

或有权益（CoCo债券）的机制如图54所示。

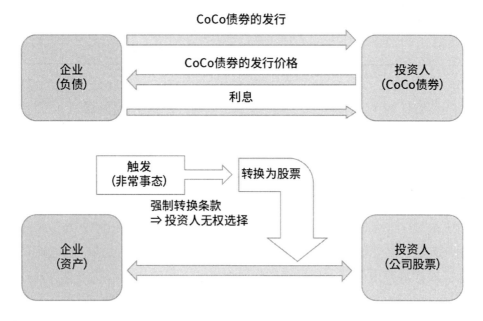

图54　或有权益（CoCo债券）

CoCo债券的发行

CoCo债券的发行价格

利息

企业
（负债）

投资人
（CoCo债券）

触发
（非常事态）

转换为股票

强制转换条款
⇒ 投资人无权选择

企业
（资产）

投资人
（公司股票）

(出处) 根据多个资料整理作成

　　由于CoCo债券是有非常时期转换为资本功能的公司债券，也被叫做「应急可转债」。与巨灾债券的通过本息减免机制使投资人承担商业公司等的转移风险机制相对，CoCo债券通过向负债的资本转移这一机制，进行资本强化，使投资人承担风险，二者经济效果上有所不同。

　　商业公司等面向投资人发行CoCo债券，按发行价收取付款，发行条件中加入了满足一定条件的情况下债券将强制转换为股票的「强制转换条款」。当触发器事件发生时条件得以满足，将按预先约定的比例代替公司债券发行股票，并交付给投资人。其结果是，企业将CoCo债券的发行价款作为资产留存，投资人持有的公司债券变为企业的股票。

　　CoCo债券多数为长期债券，有效期通常为10年～15年。在这期间内转换权归发行者所有，转换为股票这一时点，可以想见会有股价下跌的局面，因此投资人的风险比较高。考虑到这一点，CoCo债券设定的利息水平高于通常的可转换公司债券。且由于投资人承担高风险，CoCo债券的发行成本等交涉条件有更加严格的可能性。另外，转换为股票后，作为有投票权的股东，附带「管理参与权」时，由于转换（发行）使目前为止的股东构成发生改变，有可能会导致经营管理上的不安定。

(2) 或有盈余债券和或有权益看跌权

或有盈余债券（Contingent Surplus Note）指相互保险公司组织内的保险公司，在非常事态发生时采取的通过次级债筹资的形式，或有权益（Contingent Equity）是作为股份有限公司组织的保险公司及商业公司等采取的利用优先股筹资的形式。

或有权益看跌权也被译为紧急次级债券，保险法规定的仅由保险公司承认的相互公司（Mutual Company）这一公司形态以负债的形式筹集资金的手段。共济公司与有限责任公司不同，没有资本，主要靠保险合同人的保险费运营。

盈余票据（Surplus Note），1990年代作为没有资本的相互保险公司的筹资方法被广泛使用。与公司债券类似，有到期日并且支付利息，但筹集的资金，是作为不能发行股票的相互保险公司一种筹集资金的方法，分类为资本。理由是，公司清算时，盈余票据如资本一样，投资人是最后接受财产分配的人。

或有盈余债券的机制是非常事态发生时发行盈余票据进行筹资。相互公司等保险公司通过信托账户的资产，非常时期购入次级债，持有看跌期权。通过次级债的发行，增强保险公司的担保能力（资本）。

或有盈余债券和或有权益看跌权的构成如图55所示。

图55 或有盈余债券和或有权益看跌权

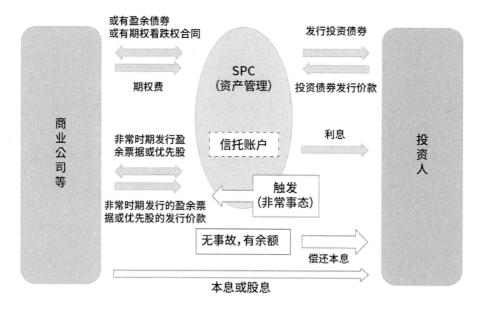

(出处) 根据多个资料整理作成

从投资人的立场看，作为出资对象的企业即便出现超额债务或无法支付的状态也负有出资义务，可以作为与债务保证一样的偶发债务将其阻止。因此，应急资本合同中，行使看跌期权的权利时，作为出资对象的企业，应具备可持续财务状况。对此，保险或再保险的情况下，作为保单持有人的公司即便破产，受托人作为债权人有权申请保险金，因此，作为应急资本的代价，与保险/再保险相比，保险费大大降低。

上述的承诺额度中，商业公司等借入方的立场来看，存在非常时期无法得到银行融资的信用风险。而在银行的立场上，需支付巨额保险金的义务等损害发生时，为保险公司或受到巨额损害的商业公司融资时，对其返还能力承担信用风险。或有权益的机制则能够解决这类承诺额度问题。

或有盈余债券（Contingent Surplus Note）或或有权益看跌权（Contingent Equity Puts）的机制中，为使资金得到保证，采用将商业公司等提前将筹集的资金作为信托基金进行管理的方法。也就是说，商业公司等设立信托账户，通过该账户向投资人募集资金，并将这笔资金运用到流动性和信用度高的国债等资产中。商业公司（保险公司）提前确定的触发器事件发生时，可以选择将信托账户中的资产变为盈余票据或优先股。为了维持这一权利，商业公司（保险公司）支付的期权费（备用信用证费）加入运营资产，利益将作为利息支付给投资人。由于投资人在与商业公司（保险公司）相脱离的信托账户进行投资，只要触发器事件不发生，就几乎没有信用风险。另外，对于商业公司（保险公司）在触发器事件发生时的资金筹备，由于提前在信托账户中准备了资金，也不必背负信用风险。

第12章 证券化与保险连接型证券

将资产证券化机制用于保险风险，可以作成保险连接型证券。本章将对资产证券化和保险连接型证券的机制进行概述。

1. 资产抵押债券

证券化（Securitization）是直接金融的一种，以货币债权房地产等资产做保证，发行有价证券，并通过销售该有价证券进行筹资。证券化正式始于1970年代美国的住房抵押贷快证券MBS（Mortgage Backed Security）。此后相继发行了汽车贷款、信用卡债权、应收帐款、租赁债权等为担保的资产抵押债券ABS（Asset Backed Security）。美国的证券化市场已发展成不逊色于国债市场和公司债券市场的存在。

ABS（资产抵押债券）是指以房地产或资产为抵押的有价证券。实行证券化的企业，通过成立特殊目的公司（Special Purpose Company; SPC），将证券化的资产让渡给SPC，由SPC发行以此为抵押的有价证券，并向投资人销售。SPC是指特殊目的载体（Special Purpose Vehicle; SPV）中具有法人资格的一类。

由于ABS将抵押资产的所有权转移至SPC，因此拥有此资产所有权的企业即使破产，SPC也不受其影响，仍有能力向投资人进行支付。例如，将应收贷款做抵押的资产抵押债券，抵押物将转移给SPC，只要应收贷款没有问题，作为债权人的银行等即便破产，SPC也可以不受影响地继续向投资人进行支付。

2. 房地产的证券化

拥有房地产所有权的企业通过设立SPC，将房地产出售给SPC，继而由SPC将以此房地产做抵押的有价证券发行并出售给投资人。SPC从租借人等处收取的租金等，作为房地产的收入向投资人支付利息或红利。

房地产证券化的机制如图56所示。

图56　房地产证券化的机制

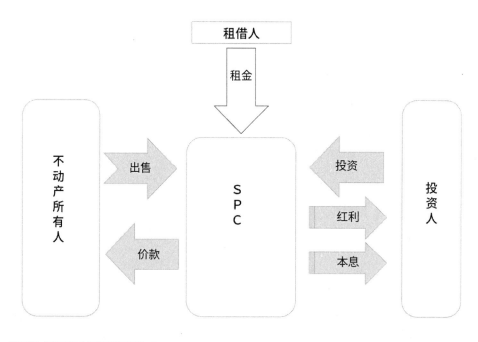

(出处) 根据多个资料整理作成

房地产证券化的手段除了SPC使用的方法以外，信托银行以收益权等形式将资产商业化的信托方式，或者创建公司类型的投资信托并出售其股票（房地产投资信托）等。

有关房地产投资存在以下问题：第一，由于多数情况下买卖房地产需要时间，流动性（变现性）较低。第二，投资规模相对较大。第三，管理上花费较多费用和功夫。不过，通过房地产证券化，以上房地产投资的问题大多数都可以得到解决。

从投资人的立场来看，房地产证券化有以下功效：第一，与实物房地产相比流动性（变现性）更高。第二，可以对多个房地产分成小部分进行分散投资。另外，从原房地产所有权人的立场来看，房地产证券化的功效是：第一，原房地产所有权人可以获得与出售目标不动产相同的效果，能够回避将来房地产价格下跌的风险。第二，由将房地产证券化筹集的资金，可以通过削减有息债务等方式改善企业财务结构。甚至有将总部大楼也作为证券化对象的事例。

另外，房地产投资信托基金REIT（Real Estate Investment Trust）在证券交易所上市。REIT利用投资人的资金购入房地产或房地产贷款，由此产生的租金及利息等作为资金来源向投资人支付红利。日本于2000年修订了「投资信托法(投资信托及投资法人有关法律)」，房地产被认可作为投资信托的投资对象，并由J-REIT发售了2个品牌。美国房地产投资信托基金以REIT（Real Estate Investment Trust）为简称，作为日本版的产物，日本房地产投资信托则被称为J-REIT（Japanese Real Estate Investment Trust）。

3. 债权证券化

债权证券化分为以下几种。

① CMBS

商业抵押担保证券（Commercial Mortgage Backed Securities; CMBS）是资产抵押债券（ABS）的一种形式，表示主要依靠抵押商业房地产进行融资的商业房地产抵押担保形成的证券化商品。随着无追索权债务（Non-Recourse Debt, Nonrecourse Loan）在日本国内的普及，CMBS也开始逐渐应用。日本最初的商业抵押担保证券（CMBS）是1999年2月摩根士丹利在从大京获得1200户公寓时，将外资银行融资的无追索权债务偿还的本息作为原始资金进行的证券化。

无追索权债务是指，仅以抵押的房地产当作责任财产，当作为债务人的企业出现破产等状况时，售卖其贷款抵押的房地产后有足够资金还款，且还留有剩余时，债务人也没有义务将此余额进行返还。但是，通常的住房抵押贷款中，返还贷款变得不可能，此时通过变卖抵押的房屋进行还款后仍有剩余的情况下，债务人有义务将剩余部分进行返还。虽然传统的住房抵押贷款是以「人」为对象的贷款，但无追索权债务却是将「房地产」作为贷款对象。住房抵押贷款与商用房地产贷款不同，由于所偿还的资金不是来源于房地产的所得，而是个人所得，因而日本和美国都是以追索权债务为主流[35]。

② RMBS

RMBS（Residential Mortgage-Backed Security）属于MBS（抵押贷款支持证券）的一种，是以住房抵押贷款的本息还款做抵押发行的「住宅地产抵押支持证券」。一般来讲，MBS是指抵押房地产抵押贷款的债权而发行的证券。

接下来是另一个关于住房抵押贷款证券化的事例。独立行政法人住宅金融机构作为旧住宅金融公库组织改编而来的独立行政法人，于2007年4月1日成立。还处在住宅金融公库时代的2003年10月时就已经开放了以「证券化支持下的新型住房抵押贷款」为名的住房抵押贷款，这一为期35年的固定利息住房抵押贷款在2004年12月更名为「Flat35」，由银行/信用金库/劳动金库等存款金融机构及抵押银行/信贷销售/住房金融专业公司等非银行机构来处理。Flat35分为「购买类型」和「保证类型」。

购买类型的Flat35，其机制如下所示。

---

[35] 加利福尼亚等数个州中，用住房抵押贷款购买房屋时，直到贷款还清为止，该住宅等所有权归金融机构。因此，当债务人出现违约，金融机构在通过审理程序后有权对房屋进行处分，即所谓的「Foreclosure by Power of Sale」。作为代价，处分抵押物后即便不够还款，银行也不可以追溯债务人的个人财产（小林正宏，安田裕美子（前揭书），pp.150-152）。由此，美国一些州便将住房抵押贷款作为无追索权债券使用。

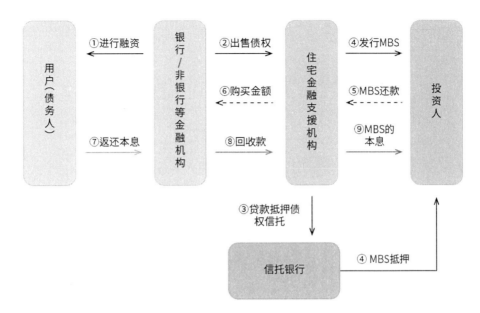

图57 「购买类型」的Flat35

图中文字：

①进行融资
②出售债权
④发行MBS
⑥购买金额
⑤MBS还款
⑦返还本息
⑧回收款
⑨MBS的本息

用户（债务人）
银行／非银行等金融机构
住宅金融支援机构
投资人

③贷款抵押债权信托
信托银行
④ MBS抵押

(出处) 根据多个资料整理作成

　　购买类型指住宅金融支援机构购买民间金融机构提供的Flat35，并将其证券化的产物。金融机构对用户（债务人）提供住房抵押贷款融资的同时，将该住房抵押贷款的债权让渡给住宅金融支援机构。此后，住宅金融支援机构将金融机构让渡过来的住房抵押贷款债权以抵押为目的交由信托银行进行信托，以信托的住房抵押贷款债权作为抵押，发行MBS，并出售给投资人。住宅金融支援机构通过发行MBS取得的款项将用来向金融机构支付购买住房抵押贷款债权的价款。另外，债务人向金融机构交纳住房抵押贷款的本息，其资金通过住宅金融支援机构，作为本息返还给购买了MBS的投资人。

　　而保证类型的住房抵押贷款债权则是金融机构通过信托银行的信托业务对其证券化。金融机构还加入了住宅金融支援机构的住宅融资保险（保证类型用），目的是为了预防债务人无法返还住房抵押贷款的情况发生。住宅金融支援机构向金融机构支付保险金时，住宅金融支援机构将取得金融机构对债务人的住房抵押贷款债权的所有权。

　　保证类型的Flat35，其机制如图58所示。

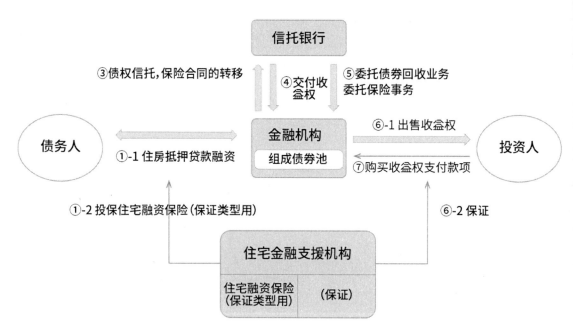

图58 「保证类型」的Flat35

(出处) 根据多个资料整理作成

③ CDO

CDO（Collateralized Debt Obligation）也被叫做担保债务凭证，是资产支持证券中，作为支持的资产属于对国家或企业的诸如贷款债权或公司债等大额债券的情况。特别的，当支持资产只由公司债构成时称为CBO（Collateralized Bond Obligation），而只由贷款债权构成时称为CLO（Collateralized Loan Obligation）。CDO以具有偿还期的公司债或货币债权等为抵押，因此发行的证券也会设置偿还期。

CDO的机制如下所示。

图59　CDO的机制

①出售债权
②发行证券
④出售债券价款
③证券价款
⑥回收价款
⑦本息

归属主体
(资产原保有者)

SPC

投资人

贷款等　⑤截止日期付款
(回收机构)

原债务人

(出处) 根据多个资料整理作成

　　资产的原持有人向设立了证券公司等的特殊目的公司（SPC）出售原资产（贷款资产，公司债等）。SPC将原资产及之后产生的现金流为保证发行证券，并通过证券公司等向投资人出售。SPC通过出售证券所得资金会作为原资产购入款支付给原保有人。SPC在保有原资产等同时，将回收业务委托给服务机构等以回收资金。SPC利用从原资产回收的资金向投资人支付本息。

　　从资产原持有者的立场来看债权证券化，其功效有以下几点：①能够寻求融资方式的多样化。②可以实现表外融资。③通过证券化所得的融资可以用来返还有息债务，实现财务结构的健全化。④能够转移持有的应收债权的信用风险。由于将债权风险出售给了SPC，可以从欠款方等的破产风险中隔离出来。

　　贷款、公司债券、ABS、REIT、信用衍生品交换（CDS）等都可称为组成CDO的对象。由于2007年始于美国的次级债问题，作为抵押的贷款大量破产。结果作为高等级的债务抵押证券也遭败坏，造成大量投资人蒙受巨额损失，作为抵押的资产的不透明等带来的问题浮出水面。

4. 证券化与金融危机

(1) 次级贷款

次级贷款（Subprime Lending/Subprime Mortgage）指以信用度低的美国低收入人群为对象的高利息住房抵押贷款，由住房抵押贷款公司而非银行经营，客户层为低于优质客户（优级）的次级层，是面向过去曾有拖欠或破产经历的信用度低的消费者的住房抵押贷款。由于低信用人群难以通过通常的住房抵押贷款审查，作为代价他们被要求支付更高的利息。然而，贷款最初的2～3年间，只需要支付较低的利息，不需要偿还本金部分，属于低利息贷款，直到数年后切换为高利息贷款。当时实际的次级贷款利息高于8～9%，比6%的次级贷款高出3%，比3%的LIBOR高出6%。

当时的次级贷款市场规模高达775万用户，根据纽约联邦储备银行等调查（2008年1月），其融资比率达到了84.9%，2000年前后开始急剧增长，2005年到2006年约占全体住房抵押贷款的2成[36]。另一方面，房价一旦上升，购房抵押价也会随之升高。美国2001年到2006年前后房价连续攀升，在此背景之下，贷款目标转向利息低的一般住房抵押贷款，增长的贷款转向消费的事件也在陆续发生。

次级贷款（Subprime Mortgage）以住宅地产抵押贷款支持证券（RMBS或MBS）（Residential Mortgage Backed Securities）的形式被证券化，并以此为基础以担保债务凭证（Collateralized Debt Obligation；CDO）的形式进行再证券化，评级机构对其赋予高评价，并将其与其他金融商品组合，向世界各国的投资人出售。

美国住房抵押贷款证券化（MBS）的机制如图60所示。

36　小林正宏，安田裕美子『サブプライム問題と住宅金融市場』住宅新報社，2008年10月，pp.16-17。

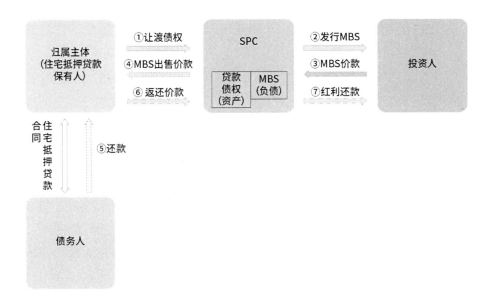

图60　美国的住宅地产抵押贷款支持证券（MBS）

(出处) 根据多个资料整理作成

正如图60演示的那样，金融机构（归属主体：originator）通过住房抵押贷款面向债务人融资，并将其出售给SPC。SPC以住房抵押贷款债权作抵押发行MBS等。金融机构（归属主体）收取MBS的发行价款，作为下次融资的资金。住房抵押贷款的偿还一旦开始，金融机构（归属主体）便会对债务人的还款进行回收并转给SPC，再由SPC返还给投资人。这一流程中，即便金融机构（归属主体）破产，其债权人的利害关系，作为接受SPC资产让渡的住房抵押贷款不会被波及，MBS的投资人可以安心取得现金流。

美国当时10兆美元的住房抵押贷款余额中大约6成都被证券化了，并且住房抵押贷款的余额远高于银行部门的存款余额。因此，假如银行部门存款只有5兆美元，却发行10兆美元的住房抵押贷款的话，其差额资金的周转就只能通过证券化获得了。

在此情况下，大恐慌后房地产价格首次出现下跌的2007年夏天前后开始，住房抵押贷款的延期还款率开始上升，包含次级贷款相关债权的金融商品失去了信用保障，市场开始出现抛售这类证券化商品的现象。持续低利率的时期结束后，次级贷款的支付利息超过16%，支付困难造成的延期还款开始急增。

贷款坏账的急剧增加导致住房抵押贷款公司陷入破产，也造成了向其提供资金的银行的巨大损失。2008年的最后，总部位于纽约的雷曼兄弟控股公司（Lehman Brothers Holdings Inc.）破产，由此引发了次贷危机，具有高信用度的AIG、房利美及房地美被国有化。在这之后全球范围内的金融机构产生了信用收缩的连锁反应，与CDS一起成为全球金融危机（2007年）发生的原因。

(2) CDS

CDS（Credit Default Swap）是信用的交易，指买卖（转移）贷款债权或公司债券的信用风险的衍生品（期权），可以在保有债权的同时，只将信用风险转移。CDS多以互换的方式进行交易，因此被称为信用违约互换，是当出现信用问题（债务不履行或破产等）时保证支付能够进行的期权。CDS为一种信用衍生品的代表，是防备债务不履行等信用风险发生的金融衍生品合同，主要用于金融机构间的相互交易，与信用保险类似，有时也称之为风险保护（Protection）。

作为定期支付一定数额金钱的交换，CDS是通过购买被称为「参考实体（Reference Entity)」的对特定国家或企业债务的本金（名义本金）的信用风险保护而进行的信用风险转移交易。想要回避信用风险的金融机构成为购买风险保护（Protection）的买方，在一定时期内对其卖方支付固定的保证金。在此期间，当信用事件发生时，买方通过贷款债券得到还款保障。这种结算方式中包括以现金支付损失额的现金结算，以及买方向卖方让渡债权，卖方以现金全额支付名义本金的实物结算2种方式，其中以实物结算为主流结算方式。

期间内若不发生信用事故，由于风险保护的卖方不向买方进行支付，仅以买方向卖方支付固定保证金作为合约的终了。

CDS交易（实物结算）的机制如图61所示。

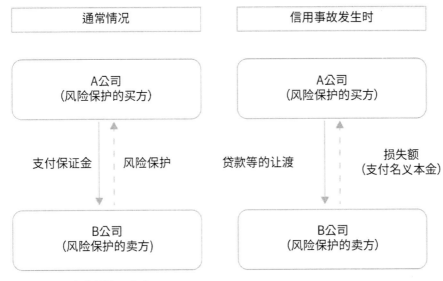

图61　CDS交易机制（实物结算）

| 通常情况 | 信用事故发生时 |

A公司
（风险保护的买方）

A公司
（风险保护的买方）

支付保证金　　风险保护

贷款等的让渡

损失额
（支付名义本金）

B公司
（风险保护的卖方）

B公司
（风险保护的卖方）

(出处) 根据多个资料整理作成

CDS是风险保护等卖方收取保证金，当参考实体倒闭时按约定支付一定金额，风险保护的买方支付保证金，当参考实体倒闭时获取一定金额的合同。CDS也可同不持有参考实体公司债券的主体之间进行交易，因此以倒闭可能性高的企业为参考实体对象的话，便成为如同赌博一样的机制了。

(3) CDS与次贷

AIG是"American International Group"的简称，是总部位于美国纽约的全球保险/金融服务集团。AIG集团作为全球保险/金融服务业的领头羊，业务遍布130个以上的国家及地域。AIG旗下的子公司AIGFP（AIG Financial Products），与专门从事保证保险业务的Monoline保险公司（Monoline Insurers）进行相同的保证业务。这一保证相当于金融机构向AIG（AIGFP）支付保证金，当住房抵押贷款的证券化商品发生呆帐时，AIG按照约定支付本金的合同。

2000年拥有1000亿美元市场规模的CDS，2007年年末达到了62兆美元。当时的AIG的CDS保证余额为4400亿美元。纽约时报称，2005年AIG

的总利润中，有17.5%是通过CDS的保证金获得的。然而，房地产泡沫的破灭导致住房抵押贷款很多陷入坏账，住房抵押贷款的证券化商品相继陷入违约，超过AIG支付能力的保证请求一起发生，致使140亿美元的CDS支付款陷入僵局。

由此，AIG由于2007年美国发生的次贷问题，保证商品CDS的交易所伴随的巨大风险变得明朗化。结果造成了其金融商品部门由CDS引发的巨额损失，两次从政府获取了超过12兆日元的资金援助，陷入实际破产状态，终于在2008年开始由美国政府接管。

日本的大和生命也受次贷问题影响破产。大和生命通过强制下调过去破产处理的人寿保险合同的预定利率，用比其他人寿保险公司更低的预定利率等各种有利条件签订保险合同。然而，据证券公司出身的社长称，运营危险的资产，使公司的有价证券保有额中有42.2%属于国外证券/其他，这一高风险/高收益的资产管理导致了它的破产。破产原因为股票或另类资产等管理商品等价格大幅下跌，2008年9月的中期决算，当期的纯损失达到了110亿4300万日元。2008年3月末的管理资产余额为2800亿日元，其中另类投资约占30%。另类投资中具体包括结构性金融产品、对冲基金投资、CLO（Collateralized Loan Obligation；担保债务凭证）、房地产信托投资基金等房地产相关投资。

5. 保险连接型证券

(1) 保险连接型证券等登场

保险连接型证券（Insurance-Linked Securities; ILS）是保险对象的风险转移至投资人的将保险对象风险证券化的商品的总称。保险连接型证券根据交易种类不同，分为巨灾债券（CAT Bond）、ILW（Industry Loss Warranties）、侧挂车（Sidercar）、抵押再保险（Collateralized Reinsurance）等。

保险连接型证券的种类如图62所示。

图62　保险连接型证券的种类

保险连接型证券
(Insurance-Linked Securities; ILS)

| 巨灾债券 (CAT Bond) | ILW (Industry Loss Warranties) | 侧挂车 (Sidecar) | 抵押再担保 (Collateralized Reinsurance) |

(出处) 根据多个资料整理作成

　　保险公司承保难以运用大数定律的异常灾害等情况下，面对承保能力不足等问题时，为了增强其承保能力，需要增加资本金。此外，当保险公司承保超过其承保能力等风险时会进行再保险。近年来，作为完善承保能力的手段，保险公司除了增加资本金或再保险，同时也增加了保险连接型证券的利用。

　　以1992年美国飓风安德鲁（Hurricane Andrew）发生后保险公司承保能力不足[37]为背景，保险连接型证券作为保险风险向资本市场转移的手段被开发利用。

　　另一方面，传统的保险公司分散风险方式是再保险。例如，保险公司承保诸如石油工厂之类具有巨大风险的保险时，保险事故发生时，所需支付的保险金有可能会超出其支付能力。保险公司为了保证即便需要支付此类巨额保险金的情况下也不会对自身财务状况产生较大影响，会将承保的一部分或全部风险以再保险的形式分散给再保险公司。保险业界经常利用这种再保险的方式分散内部风险，有效利用保险业界整体的承保能力。然而，这一承保能力也会受到保险业整体资本金总额的限制。因此，保险业界的承保能力，由于受到自有资本合计所限，当承受巨灾或金融危机等带

37　1980年代美国的保险危机及北海Piper Alpha石油钻井平台爆炸火灾事故（1988年）等发生时，保险市场被指承保能力不足，飓风安德鲁（1992年）、北岭地震（1994年）时也由于保险市场承保能力不足使再保险分配变得困难。

来的巨大损失时，保险业便要直面承保能力不足的问题。这种局面下，保险市场僵硬化，保险费率急剧上升。为填补针对此类异常灾害承保能力不足的问题，将风险转移到相较保险市场资金更加充足的资本市场这一方式得到瞩目。

保险公司为分散风险进行的再保险，属于「保险的保险」，因而被称为「再保险（Reinsurance）」。以再保险为对象的再保险被称为再再保险（Retrocession）。保险公司将保有风险的一部分或全部转移到其他保险公司的过程叫做再保险投保，保险公司对其承保叫做再保险承保。此外，原保险（Primary Insurance）指保险公司与保险合同人单独签订的保险合同，当对「某保险合同」签订再保险合同时，对于再保险合同而言，「某保险合同」就被称作原保险。

原保险与再保险的机制如下所示。

图63　原保险与再保险的机制

合同双方		原保险公司（再保险投保方）		再保险公司（再保险承保方）
	原保险合同		再保险合同	
	风险转移		风险转移	
	支付保费		支付再保险费用	
	支付保费		支付再保险费用	

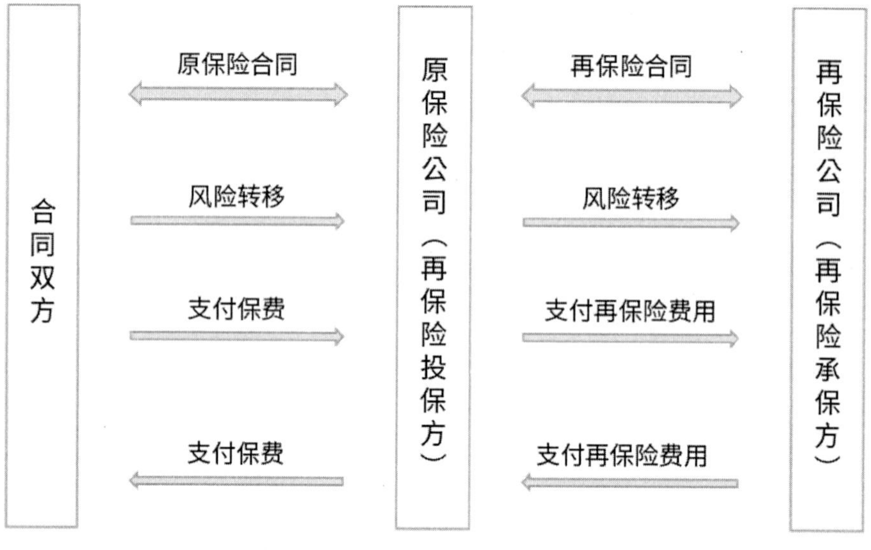

(出处) 根据多个资料整理作成

再保险是损害保险的一种，大部分保险公司都会承保，也有专门的再保险公司承保。日本的Toa再保险公司及日本地震再保险公司就属于专门的再保险公司。人寿保险的再保险，除了一般保险公司，人寿保险公司也可承保。再保险合同与原保险合同互相独立，原保险公司与是否从再保险公司获取再保险金无关，始终负有根据原保险合同支付保险金的责任。另外，原保险的保险人，不是再保险的合同当事人，对再保险公司而言不具有任何权利，也没有直接向其申请保险金的权利。

再保险通过将保险业界的风险进行分散，稳定原保险公司收益及确保追加承保的能力，从而实现保险市场的扩大与平稳化。但由于再再保险的连锁反应，互相关联的再保险公司越多，这些保险公司的信用风险便越大。保险事故发生时，可能会发生再保险公司无法支付再保险金的情况，这是因为再保险连锁中一个公司出现无法支付现象时，可能会连锁地引起无法支付的情况。

1980年代伦敦再保险市场发生的超额分保（LMX）的螺旋效应就是由连锁造成的无法支付的事例。超额再保险合同是再保险合同的一种，当一起事故造成的损害额超过再保险合同约定的金额时作为对超过部分的补偿。伦敦再保险市场的辛迪加承销商，由于反复签订再保险合同，造成了对自己投保的风险再度承保的事件。在此状况下，1987年到1990年间连续发生了台风及地震等空前大灾害的原因，致使多个辛迪加破产。

而ILS交易没有这种连锁造成的无法支付的可能性，被作为再保险中新的风险转移方法固定了下来。随着ILS的普及，保险业界也在被迫摸索新的商业模式。

(2) 保险连接型证券的机制

资产抵押债券（ABS）及住房抵押贷款证券（MBS）等都属于资产的证券化，ILS（Insurance Linked Securities）则是负债的证券化。保险连接型证券通过利用「证券化」这一金融方式，使从资本市场筹资得以实现，也是非常时期将债券的「本金或利息减免」机制内置的ART。特别当地震/飓风/台风等巨灾（Catastrophe）发生时，在满足一定条件的情况下，减免债券的本金或利息，减免部分正如保险金一般支付给企业，这一机制被称为「巨灾债券（Catastrophe Bond）」。

美国保险监督官协会（National Association of Insurance Commissioners; NAIC）对保险连接型证券做了如下定义：「与特定保险

风险的实际损害相联动的证券化商品[38]」。保险连接型证券多作为保险公司增加再保险或是再保险的替代使用。

保险连接型证券中，投资人收取额外费用（手续费）作为承担对保险公司或再保险公司等支付补偿金风险的补偿。投资人收取的补偿金所对应的风险，是指灾害等风险发生时，免除偿还投资本金的一部分或全额的风险，代价是收取保险公司或再保险公司等支付的类似保险金的资金作为保险金或补偿金的财源。

保险连接型证券与流通市场的关系如图64所示。

图64　保险连接型证券与流通市场的关系

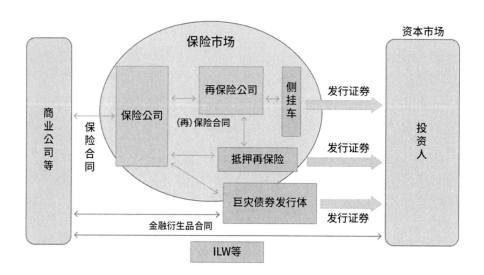

(出处) 根据多个资料整理作成

美国飓风/地震、欧洲暴风雨、日本台风/地震被称为全球五大风险，巨灾风险的对象多是针对此类风险。作为保险连接型证券对象的风险虽然多为巨灾风险中代表性的大型自然灾害风险，也有关于死亡率或寿命（死亡率上升、寿命延长风险等）、医疗费支付请求等风险为对象的情况。

---

38 Insurance linked securities (ILS) are securities whose performance is linked to the performance of some pre-specified insurance risk （NAIC, *Capital Markets Special Report: Insurance Linked Securities: Recovering Slowly After the Crisis*, Feb, 2011）.

ILS是通过保险公司等向资本市场寻求风险转移目标，将保险风险转移目标大幅扩张的证券。保险公司通过ILS的机制可以回避再保险的保险公司保有的信用风险。再保险的情况下，当巨大风险发生时，再保险公司可能由于支付能力不足导致再保险金无法支付而存在信用风险问题，而ILS则由于最开始资金便由投资人向特殊目的公司等进行了周转，因此不会造成信用风险问题。另一方面，从投资人的立场来看，也有在ILS中获得高额回报的优点。此外，因为自然灾害与经济景气的变动没有相关关系，ILS有着与经济动向相独立的风险及回报的特性。因此，投资人能够通过将ILS加入投资组合来提高风险多样性，从而进行分散投资。

由于ILS的特性与内在风险难以捉摸，历来对ILS的投资人主要为保险公司或再保险公司。对ILS的投资扩大到一般投资人的是保险专门基金。最初的保险专门基金于1997年由英国的大手保险经纪人公司Willisk的子公司Nephila Capital设立。此后加入保险公司，大手资产管理公司也开始设立保险专门基金。

(3) 触发器

触发器（Trigger）本意指手枪等射击发动时的扳机。发行ILS时规定的补偿金支付事件称为触发器。触发器事件发生时，债券出现违约，部分或全部投资额将用于支付给赞助商，面向投资人的偿还会被减少或免除，因此投资人承担本息收益被降低或免除的风险。触发器的种类如下表所示。

表17　触发器（Trigger）的种类

触发器		内容
实际损失赔偿型（Indemnity）		以实际发生的损害为基准进行赔偿。与保险合同或再保险合同相类似的损害赔偿方式。
指数型（Index：损害型）	模型化损失指数型（Modeled Loss Index）	事先确定的特定模型中加入风速、降水量等因素，推算产生损失额的方式。
	行业损失指数型（Industry Loss Index）	基于行业整体的预计损害额的方式。
	参数指型（Parametric Index）	与损害额无关，基于飓风风速或地震震级等观测指标等方式。

(出处) 根据多个资料整理作成

灾害发生时，免除债券本息的一部分或全部会使投资人的利益受到损害，触发器中有实际损失赔偿型（Indemnity）及指数型。过去以后者为主流方式，如今前者逐渐增多。实际损失赔偿型触发器中，仅当地震等特定事件发生时进行支付，保险公司的保险金支付额达到一定金额时开始进行支付。

指数型触发器中包含利用特定模型计算指数的模型化损失指数型（Modeled Loss Index）、基于行业整体的预测损害额计算指数的行业损失指数型（Industry Loss Index）、基于飓风风速或地震震级等观测指标等计算指数的参数指数型（Parametric Index）等。

另一方面，补偿额与实际损害额之间存在差异的可能性被称为基差风险（Basis Risk）。金融市场中，现货价格与期货价格的差叫做「基差（Basis）」，现货风险为对冲而卖出期货时，大于基差的损益变动风险被称之为基差风险。若基差风险发生，则靠对冲不能完全避免风险。金融市场中基差风险这一术语应用到保险领域，作为表示实际损害额与补偿金之差的意思使用。实际损失赔偿型触发中，由于有保险公司的保险金支付额作为触发，因此保险公司不会发生基差风险。

然而从投资人的立场看，当巨灾发生时，实际损失赔偿型触发器会使保险公司为了公司声誉等原因，倾向于以不当方式多支付保险金从而产生道德风险（Moral Hazard），损害额计算的客观性被质疑。还有观点指出由于投资人难以正确掌握保险公司承保风险的内容，因而造成将品质不好的风险进行证券化的逆向选择（Adverse Selection）。从发行巨灾债券等的保险公司等立场来看，为判断实际损失赔偿型触发器中的损害额需要一定时间，因此存在不能及时受到支付的问题。

指数型触发器易于标准化，交易费用相对较少，因而更适于进行证券化。从投资者的立场出发，指数型触发器能够降低设定对保险公司有利条件的道德风险与逆向选择的可能性，同时提高透明性。

6. 日本的地震保险和ILS

日本的火灾保险对地震风险免责，不对由地震/火山爆发及由此引发的海啸为直接或间接原因造成的损害进行赔偿。因此，为使地震风险称为保险的承保对象，不得不以其他方式进行地震保险。日本的地震保险的起始基于1964年新潟地震为契机颁布的「地震保险法（1966年）」，政府开始对再保险进行承保。此项法律规定，在一定金额范围内，地震保险以家庭住宅建筑及生活用动产（贵金属、宝石、美术品等除外）为对象承保，而企业工厂及办公专用的建筑物/家具用品/机器等则不属于承保对象。这一面向家庭的地震保险，不以重建家宅为目的，而是以提供能够确保重新开始生活的资金，资助受灾者回到安定生活为目的保险。因此这一地震保险不能够作为重建家园的资金保障。以此为宗旨，日本的地震保险包括在一定金额内有政府再保险支持的面向家庭的保险，超过此限额的地震风险及及面向企业的没有政府再保险的地震保险。

日本的地震风险和保险连接型证券（ILS）的关系如图65所示。

图65　日本的地震风险和ILS

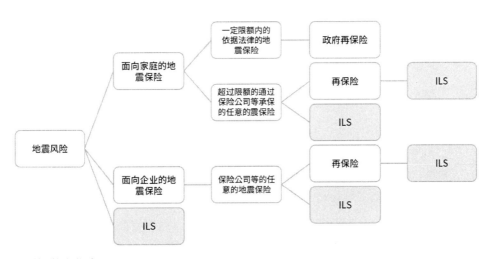

(出处) 笔者作成

如图65所示，政府再保险处理一定限额内的家庭部分的地震风险，其他情况的地震风险则由民营的地震保险、再保险以及ILS应对。本章所介绍的地震保险专指前者的情况。

日本再保险有限责任公司作为损害保险公司成立，经营「地震保险法」中规定的地震保险的再保险业务。它将原保险公司承保的地震保险合同的保险责任通过再保险的方式全额承保，并将承保责任中的一部分以超过损害额再保险方式（对超过一定额度的损害额进行再保险的方式）向政府进行再保险。除去这一对政府的再保险的保险责任，剩下的其中一部分以相同的超过损害额再保险方式向原保险公司等进行再保险。

日本地震保险的再保险机制如图66所示。

图66 日本地震保险的再保险机制

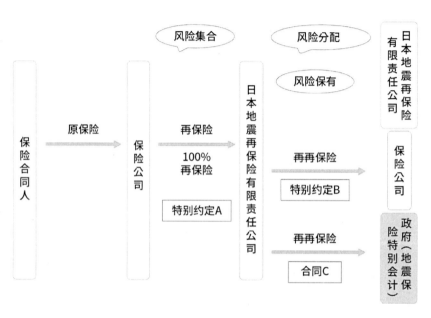

(出处) 参照日本地震再保险有限责任公司的资料作成

地震保险不能单独投保，而需作为特别约定纳入火灾保险（住宅火灾保险、住宅综合保险、普通火灾保险、店铺综合保险等），使保险公司的合同费用降低，降低的费用也减少了保险费的支出。不希望纳入地震保险的情况出现时，为明确不加入地震保险这一要求，需要在「火灾保险合同申请书」中的『地震保险确认栏』处盖章（希望加入的情况无需盖章）。

在纳入地震保险的火灾保险中，地震保险的保险金额通常设定在保险金额的30%到50%的范围中，且建筑物上限为5000万日元，家庭财产上限为1000万日元。为保证大地震来临时保险金能够顺利支付，地震保险通过政府进行再保险。大地震发生后产生的巨额损害可能会造成地震保险储备金不足，因此针对一次地震等，政府和保险公司支付的保险金总额设定了上限。这个总额上限是根据以往发生的最大规模的关东大地震中支付的地震灾害保险金的统计为基础所设定。关东大地震是1923年9月1日发生的里氏7.9级的地震，震后由火灾造成了损害的扩大。

当保险金请求金额超过总支付额上限时，按照保险金总支付额上限与应支付保险金总额的比率，减少对每个合同地震保险金的支付。这里所说的一次地震等，是指72小时以内发生的两次以上的地震算作一次，如果受灾地区不重叠，则认为它们是单独的地震，减少支付的规定各自单独应用。

根据修订的「地震保险法法令」，起始与2017年1月1日以后的地震保险合同，将损害类别由原来的3类别（全损/半损/部分损）中的「半损」进一步细分为2部分，重新划分了4个类别（全损/大半损/小半损/部分损）。像这样按照损害程度将其分为4个类别，简化认证标准（后述），是为了在地震造成损害大量发生时提高支付效率并作出迅速处理。

地震保险中按损害程度不同对应的保险金如表18所示。

表18　地震保险中不同损害程度对应的保险金

损害程度	保险金支付额
全损	保险金额的100%（以时价为限度）
大半损	保险金额的60%（以时价的60%为限度）
小半损	保险金额的30%（以时价的30%为限度）
部分损	保险金额的5%（以时价的5%为限度）

(出处) 地震保险法法令

此外，地震保险的损害认定基准如表19所示。

表19　地震保险中的损害认定基准

| 损害程度 | 建筑物 | | 家庭财产 |
	主要结构部分的损害额	烧毁、冲走的地板面积（部分损中水没地板等）	家庭财产的损害额
全损	建筑物时价的50%以上	建筑面积的70%以上	家庭财产时价的80%以上
大半损	建筑物时价的40%以上50%未满	建筑面积的50%以上70%未满	家庭财产时价的60%以上80%未满
小半损	建筑物时价的20%以上40%未满	建筑面积的20%以上70%未满	家庭财产时价的30%以上60%未满
部分损	建筑物时价的3%以上20%未满	建筑物中发生水没地板或超过45cm水没地表的损害时，未达到全损、大半损或小半损的程度的情况	家庭财产时价的10%以上30%未满

(出处) 地震保险损害认定基准

由海啸、地表液化引发损害所造成的「全损」、「大半损」、「小半损」、「部分损」如表20所示。

表20　地震保险中由海啸、地表液化引发的损害的认定基准

损害程度		海啸引发的损害 倾斜	「地震等」原因造成地表液化引发的损害	
			倾斜	最大下沉量
全损	下述以外	受到180cm以上的水没地板或225cm以上的水没地表的情况	超过1.7/100（约1°）时	超过30cm时
	平房	受到100cm以上的水没地板或145cm以上的水没地表的情况		
大半损	下述以外	受到115cm以上180cm未满的水没地板，或160cm以上225cm未满的水没地表的情况	超过1.4/100（约0.8°）、1.7/100（约1°）以下时	超过20cm、30cm以下时
	平房	受到75cm以上100cm未满的水没地板，或80cm以上145cm未满的水没地表的情况		
小半损	下述以外	受到未满115cm的水没地板，或45cm以上160cm未满的水没地表的情况	超过0.9/100（约0.5°）、1.4/100（约0.8°）以下时	超过15cm、20cm以下时
	平房	受到未满75cm的水没地板，或45cm以上80cm未满的水没地表的情况		
部分损		高出地基以上的为达到全损、大半损或或小半损程度浸水的情况	超过0.4/100（约0.2°）、0.9/100（约0.5°）以下时	超过10cm、15cm以下时

(出处) 地震保险损害认定基准

如表20所示，当建筑物倾角超过1°，或最大下沉量超过30cm时被认定为全损。

另一方面，「震级」代表地震强度，通常用其英文Magnitude的头文字M表示。「烈度」表示某地由地震引起的摇动的强度，震级表示地震大小。二者关系可通过电灯的明亮程度与周围环境明亮程度的关系来做说明，若以电灯明亮程度来表示震级的话，与电灯相隔一段距离所在地的明亮程度则相当于烈度。也就是说，正如即便电灯非常亮，距离越远其亮度越低那样，即使震级很大，与震源相距越远其烈度会越小。相反，就算是震级很小的地震，如果真远距离很近的话地面的摇晃程度也会很大，因此烈度也会较

大。此外，对于震级较大的地震，当远离震源时地面的摇晃程度变小，烈度也将变小。如果以图来表示震级同烈度的关系，则如图67所示。

图67 震级和烈度的关系

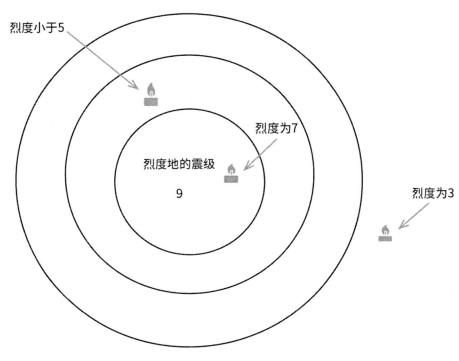

(出处) 根据多个资料整理作成

1990年以后发生的地震，其震级规模及水平如表21所示。

表21　1960年以后发生的较大规模地震

顺序	发生日期	震源	震级
1	1960年5月23日	智利	9.5
2	1964年3月28日	阿拉斯加湾	9.2
3	2004年12月26日	印度尼西亚苏门答腊岛西部地区	9.1
4	2011年3月11日	日本三陆地区「2011年 东北地区太平洋地震」	9.0
	1952年11月5日	堪察加半岛	9.0
6	2010年2月27日	智利马乌莱大区	8.8
	1906年2月1日	厄瓜多尔	8.8
8	1965年2月4日	阿拉斯加阿留申列岛	8.7
9	2005年3月29日	印度尼西亚苏门答腊岛北部	8.6
	1950年8月15日	西藏阿萨姆	8.6
	1957年3月9日	阿拉斯加阿留申列岛	8.6

(出处) 气象厅

　　如表21所示，2011年东日本大地震引发的「东北地区太平洋地震」位列第4。

　　表22给出了10个烈度等级。

表22 烈度和摇晃的剧烈程度

烈度等级	人的体感/行动	房屋内状况	房屋外状况
0	地震测量仪可以测出，但人无法感知	—	—
1	静止在房间中的人里，有部分可以感觉到轻微的摇晃	—	—
2	静止在房间里的人，多半可以感受到摇晃，也有人从睡梦中被摇醒。	电灯等的悬挂物有轻微摇动。	—
3	房间内多数人可以感到摇晃，也有部分行走中的人可以感觉到摇晃。大部分人会在睡眠中被摇醒。	架子上的餐具会发生响动。	电线有稍许晃动。
4	大部分人会惊觉。行走中的人多数也能感受到晃动。大部分睡眠中的人会醒来。	电灯等的悬挂物大幅晃动，架子上的餐具发出响动。出现摆放位置不当发生倾倒的现象。	电线大幅摇摆。也有开车的司机能够感受到摇晃。
5弱	大部分人感到惊恐，有想要抓住东西的感觉。	电灯等的悬挂物激烈摇晃，架子中的餐具、书架上的书有可能掉落。位置摆放不当的物件大部分会倾倒。未固定的家具出现移位，不稳定的东西开始倒下。	偶尔出现窗玻璃破裂掉落的现象。电线杆会产生摇晃。道路也有可能发生损坏。
5强	大部分人会感受到如果不抓住东西会难以行走等行动上的障碍。	架子上的餐具或书架上的书掉落的情况更多。电视机掉落的情况也会发生。未固定的家具出现倾倒。	窗玻璃碎掉并掉落。不够结实的水泥板墙会倒塌。安装不够牢固的自动贩卖机会倾倒。
6弱	站立困难。	未固定的家具大多会移位甚至倾倒。门有时变得打不开。	墙砖及窗玻璃出现破损、掉落。
6强	无法站立，除非爬行否则则无法移动。身体被迫摆动，无法行动，甚至被掀飞。	未固定的家具几乎全部移位，多数倾倒。	墙砖及窗玻璃破损，建筑物上掉落的东西变多。不够结实的水泥板墙大部分会倒塌。
7		未固定的家具几乎全部移位倾倒，甚至飞起来。	墙砖及窗玻璃破损，建筑物上掉落的东西更多。不够结实的水泥板墙破损。

(出处) 气象厅

震度5和6分别对应强弱两个等级。

「1995年 兵库县南部地震」于1995年1月17日5时46分发生在以兵库县南部为中心的地区，地震造成了巨大的损失。这次地震的震源处于大都市正下方，是日本首次大地震，气象厅导入烈度7以来首次出现烈度7（震级为7.2）记录的地震。

兵库县南部地震造成的损害如图68所示。

图68　1995年 兵库县南部地震造成的损害

(出处) 日本损害保险协会

兵库县南部地震所支付的保险金及救助金如表23所示。

表23　1995年 兵库县南部地震相关的保险金/救济金的支付

种类	金额
家庭地震保险	783亿日元
JA共济	1188亿日元
全劳济	185亿日元

(出处) 日本损害保险协会、JA共济、全劳济

2011年3月11日（周五）发生的日本观测史上最大震级里氏9.0的东北大地震，地震发生于东北地区太平洋板块，并由此引发了海啸及一系列余

震。正如前面所述，东日本大地震是世界记录史上排名第4的大地震，造成了巨大的人身和财物损害。地震还引发了东京电力福岛第一核电站停电，致使电力系统瘫痪，反应炉无法冷却，放出大量放射性物质，造成了严重的核能事故。

东日本大地震造成的损害如图69所示。

图69　东日本大地震的损害

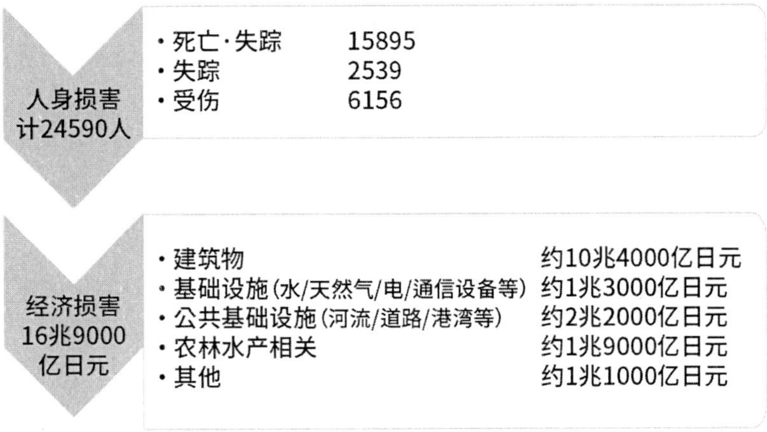

人身损害 计24590人	· 死亡·失踪	15895
	· 失踪	2539
	· 受伤	6156

经济损害 16兆9000 亿日元	· 建筑物	约10兆4000亿日元
	· 基础设施(水/天然气/电/通信设备等)	约1兆3000亿日元
	· 公共基础设施(河流/道路/港湾等)	约2兆2000亿日元
	· 农林水产相关	约1兆9000亿日元
	· 其他	约1兆1000亿日元

(出处) 内阁府等（原发事故的损害除外）

东日本大地震所支付的保险金及共济金如表24所示。

表24　东日本大地震相关的保险金/共济金支付状况

损害保险	家庭地震保险	1兆2346亿日元	2012年5月31日现在
	家庭地震保险以外的损害保险（再保险回收后）	6000亿日元 (2000亿日元)	2011年5月19日发表决算
共济	建筑物类	1兆537亿日元	2012年9月末时点
	生命类	645亿日元	
人寿保险	死亡保险金	1599亿日元	2012年3月末时点

(出处) 生命保险协会、损害保险协会、日本共济协会、金融厅

地震造成的双重贷款的问题在灾民中多有发生。从银行等处借入住房抵押贷款时，为维持设定为抵押的房地产的抵押价值，债务人虽然被

要求加入火灾保险，却不被要求加入地震保险。因此由于地震造成住房损坏时，从地震风险免责的火灾保险处无法获得补偿，住房抵押贷款却留了下来。灾民们于是在背负住房抵押贷款的状况下，为重建家园，不得不再次向银行等借入贷款，陷入双重住房抵押贷款的状况，还款变得异常困难。即便加入了地震保险，保险金额的补偿限度仅为建筑物时价的30%～50%，无法利用保险金还完住房抵押贷款的情况多有发生。地震保险能够在一定程度上防止二重贷款的发生。

保险公司方面，从保险合同人处承保了政府地震保险再保险对象外的地震或飓风等灾害风险（Catastrophe Risk），并发行属于ILS的巨灾债券（CAT Bond），将风险转移至投资人。

日本的地震风险与ILS如图70所示。

图70　日本地震风险与ILS的路径

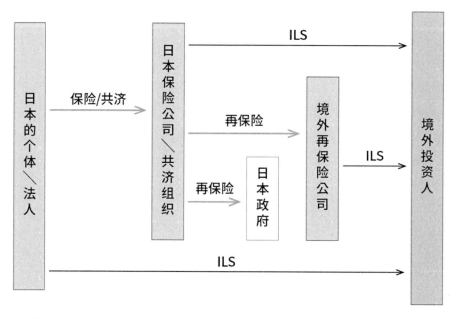

(出处) 根据多个资料整理作成

这一机制是说，对冲风险的保险合同人或保险公司等作为ILS发行方发行证券，预先确定的风险发生时，免除向投资人支付本息的义务。投资人由于要按比例分担本息被免除的风险，此债券设定的利息比一般债券要高。通过这种方法发行的债券，若期满为止约定的风险没有发生，投资人能够得到全额偿还的本金，风险一旦发生，向投资人的偿还额则有一部分甚至全额被减免，本金的全部或部分会以类似再保险的保险金的形式支付给保险公司等赞助商。

RISK MANAGEMENT

第13章　保险连接型证券的种类

将资产证券化机制运用到保险风险，形成保险连接型证券。本章将对ILS的种类及其机制进行概述。

1. 巨灾债券

(1) 巨灾债券的机制

巨灾债券（Catastrophe Bond; CAT Bond）属于保险连接型债券（ILS）的一种，是保险公司或商业公司将地震/台风/暴风雨等大型自然灾害等风险转移向金融市场的投资人的债券。Hannover Re于1994年发行了巨灾债券之后，这种债券相继国内外多个保险公司发行。1999年4月，管理东京迪士尼乐园的Oriental Land成为全球首个发行「地震债券」的商业公司，其价值约200亿日元。

保险业界公认的全球五大风险，按照规模大小依次为美国飓风、美国地震、欧洲暴风雨、日本台风、日本地震。巨灾债券多是以这五大风险中任意一个或其组合作为触发发行的债券。

巨灾债券的机制为，承保大地震等巨灾风险的保险公司或者保有大灾害风险的商业公司等，作为赞助商，成立特殊目的保险公司（Special Purpose Insurer; SPI），向其支付保险费，以此转移风险。SPI接受赞助商的保险费，将其作为原资产发行巨灾债券，并向投资人出售。

巨灾债券（CAT Bond）的机制如图71所示。

图71　巨灾债券（CAT Bond）的机制

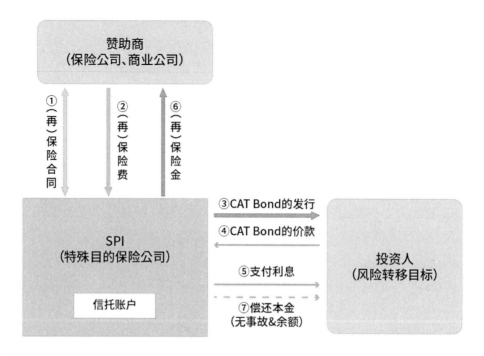

(出处) 根据多个资料整理作成

从投资人那里获得的巨灾债券的发行价款，通过SPI的信托账户投资具有高安全性的资产，通过资产管理产生的收益与赞助商交付的（再）保险费作为资产来源，向投资人定期支付巨灾债券的利息。当触发事件发生时，信托账户的资金将用于向赞助商支付保险金。通常设定为3~5年的偿还期内，如果触发事件发生，通过出售巨灾债券从投资人那里获得的融资将被作为补偿金支付给赞助商，同时部分或全部免除应向投资人返还本息，如果期间没有事故发生，则需要向投资人返还本金。

信托结算资金的收益率，通常为LIBOR，支付的利息是按照发行金额给予每年2%等额外利益。这一额外利益是赞助商支付的费用，即作为风险转移代价的保险费。赞助商在该年内支付2%左右的费用，当巨灾发生时，可以通过SPI获得按事先约定的全额或部分发行金额。投资人则收取LIBOR利息及额外收益，二者共同作为投资人的收益。

为将自身承保的支付大灾害保险金的风险转嫁给投资人，保险公司会发行巨灾债券。例如，保险公司为了预备承保的地震保险的保险金，发行具有再保险性质的巨灾债券，地震发生时由于可以减免对巨灾债券本金的偿还，这一部分资金将作为保险公司支付地震保险保险金的原资金。

(2) 巨灾债券的效果

以发行方的立场来看，巨灾债券有以下功效。

① 长期保障

地震保险的保险期限通常为1年或2年左右。相较而言，巨灾债券的期限可以由发行方自由设定，诸如设定偿还期为10年的长期债券也是可以的。

② 确定的费用

如前所述，地震保险为短期保险，每当更新合同时，保险费会根据保险市场状况发生变动，有时甚至会出现2～3倍大幅上升的情况。但巨灾债券可设定为长期，且在此期间内的利息可以为固定，因此费用在长期也是能够确定的。

③ 加强保险公司承保能力

通过将自然灾害风险转移给投资人，改善保险公司承保能力不足问题。

④ 资金的即时性

损害发生时，保险要通过损害调查确定损害金额。由于需要遵循损害赔偿及禁止获利等原则，无法获得超过实际损害额等补偿。损害调查有时可能要花费数月甚至数年时间。而巨灾债券设定了触发，满足此条件的情况下，可以立即将事前约定的金额支付给发行方。

⑤ 独立于信用风险的中立性

巨大灾害发生时，造成的损害可能会超过保险公司或再保险公司的支付能力，保险金不一定能保证全额支付。而巨灾债券在发行时，SPI得到投资人的出资，并将其管理在信托账户之下。巨灾债券从最初便确保了大灾害来临时支付给发行方的资金，因此不存在投资人在灾难发生时无法支付的信用风险问题。

⑥ 发行条件的灵活性

触发设定、支付条件、利息等发行条件可以根据发行方自身情况灵活设定。

另一方面，从投资人的立场来看，巨灾债券有以下优点。

① 评级

虽然自然灾害发生时，按照触发条件，对巨灾债券的还款将会被部分或全部免除，但国际风险评级机构会通过对过去气象的统计及地质的分析等，对免除条件的概率进行评估。例如，巨灾债券的发行条件中，概率像「期满为止对投资人支付的本金被全额免除的概率为1%」这样明确列出。以此为基础，穆迪（Moody's）、标准普尔（Standard&Poor's; S&P）、惠誉（Fitch）等国际评级机构会对巨灾债券进行评级（有关评级，具体参照第1章）。因此，投资人对巨灾债券偿还的信用风险调查变得简单。

② 风险的独立性

巨灾债券的偿还风险是有关自然灾害的风险，因此与各国的经济活动间没有联动，几乎与企业债券、股票市场、房地产市场不存在相关关系。例如，假设下列几种情况，同时对双A信用等级的三个企业债券进行投资，每个投资额为1亿日元。第一，当对三个日本企业的公司债券投资时，投资风险与日本的经济变动风险向联动。第二，分别投资日本、美国、欧洲企业的公司债券时，虽然按国家不同其经济风险会被分散，但在像全球金融危机的情况下，三种公司债券全部损失的可能性也会存在。第三，投资两家日本企业的公司债券的同时也投资日本「地震债券」时，假如后者以东京发生大地震时免除偿还为条件的话，东京如果发生大地震，地震债券的本金不但无法得到偿还，同时由于地震致使企业破产的情况时有发生。第四，分别投资日本公司债券、美国「地震债券」、欧洲「地震债券」时，日本企业的破产风险与美国地震、欧洲地震之间，几乎没有风险相关性。因此，养老基金、人寿保险公司、再保险公司等也在逐渐增加着对巨灾债券等持有。同一信用评级下，巨灾债券的回报要比普通公司债券高出1%左右，这也是巨灾债券具有较大吸引力的一个方面。

(3) 巨灾债券的发行事例

① Oriental Land公司（自己发行债券）

地震保险虽然对建筑物倒塌等进行赔偿，但由此造成的收入减少不在赔偿范围内。另外，地震保险需要进行损害调查，所以地震的发生到保险金的支付需要花费时间。再加上地震保险比其他保险的保险费要高，在这些地震保险问题及保险公司承保能力不足的背景下，多数企业并未加入地震保险。东京迪士尼乐园（TDL）的管理公司Oriental Land公司，以设施耐震性良好为由没有加入地震保险。

然而公司担心地震发生时来游玩的人数有减少的风险。公司在1999年3月总收入为1877亿7200万日元，全部都是来自TDL一处的收入。一旦由地震引发停业，由于营业地点集中于一处，收入存在全额损失的可能性。

为预防这种营业损失，TDL于1999年6月在境外设立了特殊目的公司（SPC），通过该公司在美国市场发行了总价值为2亿美元（约合240亿日元）的巨灾债券「地震债券」。发行的巨灾债券包括1亿美元的免除部分或全部本金还款的「本金风险型」和1亿美元的返还本金但3年内免除利息的「信用风险转换型」。这是世界上首个以商业公司名义发行的巨灾债券。

位于千叶县浦安市的TDL，当其半径75km以内发生震级6.5以上的地震时，根据地震规模的大小，巨灾债券将使Oriental Land公司免除返还债券本金的义务并从中获取资金。例如，5年内在TDL半径10km范围内发生震级6.5以上的直下型地震或震级7.5以上的地震时，可以在震后立即获得分别为本金25%和全额本金的资金。另一方面，5年内TDL半径10km以内发生震级7.5的地震时，投资人将有全额损失的风险，但地震不发生的话，会在回收本金的基础上，得到年利率月8%的高额回报。

② JA共济巨灾债券「Muteki」（再保险公司介入）

慕尼黑再保险（Munich Re）于2008年5月在开曼群岛设立了特殊目的公司MUTEKI Ltd.，该公司发行了以日本国内地震为承保对象的巨灾债券，约定期限3年届满后，投资人将成为获得LIBOR＋4.4%以美元计算的面值3亿美元受益人。巨灾债券「Muteki」在2011年3月发生东日本大地震后，全额回收了3亿美元（约合240亿日元）的发行金额，成为首个回收了地震灾害再保险金的巨灾债券。这也是历史首个100%免除本金偿还的巨灾债券。在此之前也有瑞士保险业巨头苏黎世金融服务（XURN.VX）在受到由飓风「卡特里娜」造成的损害后，通过Kamp Re 2005债券（1亿9千万美元）使本金的还款得到部分免除的案例。

③ 台风风险证券化（再保险公司介入）

2012年4月16日，三井住友海上通过特殊目的公司「AKIBARE II Limited」发行了偿还期为4年的台风风险证券「AKIBARE II」。这一巨灾债券规定大型台风发生时，根据气象厅的观测数据推算其损害，当一定程度上超过这个推算的损害额时，超出部分将通过免除向投资人偿还部分或全部本金得到弥补，这部分免除金额将支付给三井住友海上。

台风风险证券「AKIBARE II」的机制如图72所示。

图72　台风风险证券「AKIBARE II」（三井住友海上）

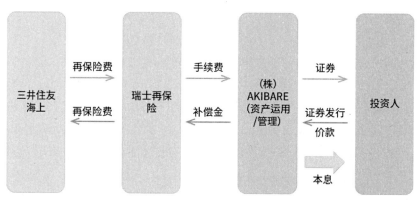

(出处) 根据多个资料整理作成

台风风险证券「AKIBARE II」中，本金部分减额的台风为大约60年一遇，全额减额的台风则为200年一遇的规模。这是日本国内首个以灾害风险为对象的证券，采用的是指数型方式基于气象厅观测数据推测台风损害。

所属MS&AD保险集团的三井住友海上与爱和谊日生同和保险在2018

年3月还共同发行了以国内自然灾害风险为对象的巨灾债券「Akibare Re 2018-1」。这是三井住友海上第4次，也是爱和谊日生同和保险首次发行。这个巨灾保险首创了在国内台风风险的基础上加入洪水风险，不仅如此，三井住友海上发行的巨灾债券还把地震火灾费用风险列为对象。其固定部分的收益率设为1.90%。地震火灾费用风险是指由于地震或火山喷发，或者由此引发的海啸发生的火灾，当造成一定比率以上的损害时所支付的保险金。

「Akibare Re 2018-1」的概要如表25所示。

表25　「Akibare Re 2018-1」的概要

分类	Class A	Class B
对象公司	三井住友海上	爱和谊日生同和保险
发行体	Akibare Re Ltd.	
发行时期	2018年3月	
满期	2022年3月末(4年期)	
对象风险	①国内台风风险 ②国内洪水风险 ③国内地震火灾费用风险	①国内台风风险 ②国内洪水风险
发行金额	220百万美元 (约合233亿日元): 1美元=106日元换算	100百万美元 (约合106亿日元): 1美元=106日元换算
收益率	抵押债券的收益率＋1.90%	抵押债券的收益率＋1.90%

(出处) 该公司新闻公报

「Akibare Re 2018-1」的机制（发行时点）如图73所示。

图73　「Akibare Re 2018-1」的机制（发行时点）

(出处) 该公司新闻公报

如图所示，两家公司通过设立特殊目的公司「Akibare Re Ltd.」发行巨灾债券。

「Akibare Re 2018-1」的机制（灾害发生时）如图74所示。

图74　「Akibare Re 2018-1」的机制（灾害发生时）

(出处) 该公司新闻公报

巨灾债券的触发事件发生时，返还的本金将减额，作为二者支付保险金的原始资产。

④ 世界银行的巨灾债券

世界银行在2014年6月30日首次发行了期限3年、总额为3000万美元的巨灾债券。巨灾债券的利息支付及本金偿还按照世界银行及「加勒比国家灾害风险保险组织」（CCRIF）的保险掉期交易合同执行。当超过一定规模的自然灾害发生时，巨灾债券的本金的偿还会按照灾害规模大小相应免除，免除的部分支付给CCRIF。

「加勒比国家灾害风险保险组织」（CCRIF）是2007年由日本政府出资，以世界银行为中心设立的机构，以16个加勒比国家政府为对象，目的是为了当大型地震或飓风发生时能够迅速支付保险金，支援各加盟国的灾害处理。

世界银行首次发行的巨灾债券，其概要如表26所示。

表26　世界银行首次发行的巨灾债券

发行体	世界银行（国际复兴开发银行：IBRD）
发行额	3000万美元
偿还额	加勒比国家发生超过一定规模的气旋及地震时，根据灾害规模，部分本金将用作支付保险金，剩余部分作为偿还金额。
发行日	2014年6月30日
利息	6个月LIBOR + 6.30%　（最低利息为6.50%）
利息支付	每3个月
还款日	2017年6月7日

(出处) 世界银行

2. 侧挂车

侧挂车（Sidecar）如下图所示，指的是摩托车或自行车等二轮车的一侧，安装一个附加轮组成的三轮车，或者安装的附加部分。

图75　侧挂车（Sidecar）

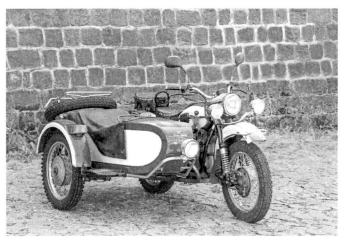

(出处) 根据多个资料整理作成

而ART中所说的侧挂车（Sidecar or Reinsurance Sidecar）是指特殊目的公司（Special Purpose Insurer; SPI）将其再保险的一定比例的风险

分散给投资人的机制。身为赞助商保险公司作为出再人，是作为受再人的特殊目的保险公司的管理方。如果把保险公司比作开车的一方，特殊目的保险公司则可视为装备在一侧的侧挂车，有用来分担风险的机制。

保险公司（再保险公司），相比通过与已有的再保险公司签订再保险合同（再再保险合同）来分散风险，通常会设立作为再保险公司的SPI，向SPI进行出再。SPI按照一定比例承保保险公司（再保险公司）的再保险合同，收取再保险费。SPI还会以股权或债务（贷款）的形式向投资者融资，从而将风险转移给投资人。

赞助商（保险公司或再保险公司）向SPI转移风险，SPI又进一步向投资人转移风险，这一风险转移的基本构造与巨灾债券等ILS相同。而侧挂车与巨灾债券不同的地方在于，赞助商（保险公司或再保险公司）向SPI转移的风险，巨灾债券为全额，侧挂车则可以按一定比例分担。

侧挂车作为保险（再保险）与巨灾债券的复合产物，在2005年8月-10月飓风（Hurricanes Katrina, Rita and Wilma; KRW）侵袭美国后得到广泛应用。

侧挂车的机制如图76所示。

图76　侧挂车的机制

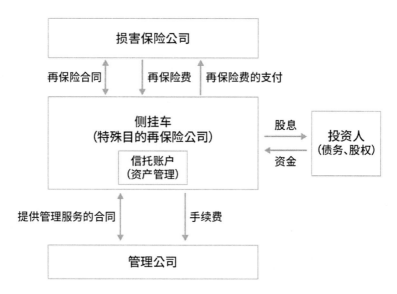

(出处) 根据多个资料整理作成

投资人在购买股权的情况下，通过投资承担侧挂车的保险风险，以同时获取保险承保利润和投资资金的投资利润为目标的商业模型。然而，投资人担心作为出再人的的同时，也是侧挂车的管理者的保险公司，可能有选择品质不好的风险通过向侧挂车进行再保险进行出再这一逆向选择的情况出现，因此保险公司与投资人之间的信赖关系非常重要。

3. ILW

行业损失担保（Industry Loss Warranties；ILW）属于ILS的一种，是保险公司等基于损害保险业界整体经历的损害总额，支付保险金签订的再保险或保险衍生品合同的一种形式。ILW主要卖方为再保险公司。主要买方虽然是保险公司，但主要作为完善再保险的手段来使用，因而保险市场与金融市场间的连结不是特别强。另外，作为在金融市场购买了巨灾债券等的投资人的对冲手段，也会考虑购买ILW，这种情况会将金融市场的风险转移到保险市场。

传统ILW以再保险合同的形式存在，但也有衍生品或互换等形式。

再保险形式的ILW的机制如图77所示。

图77 再保险形式的ILW

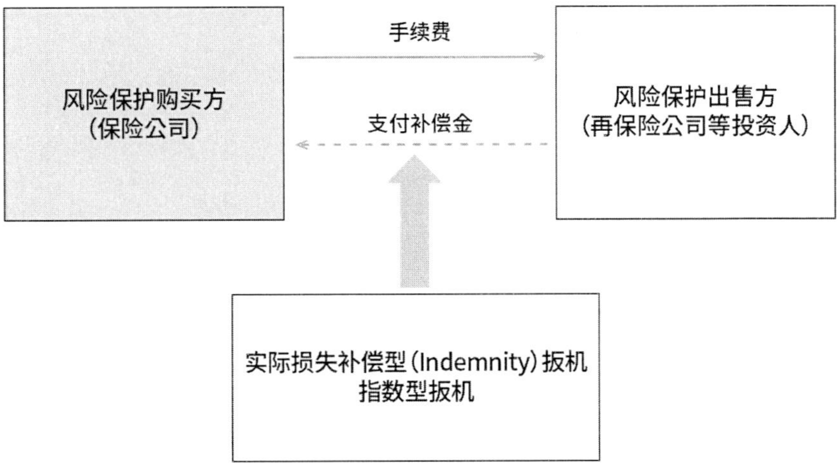

(出处) 根据多个资料整理作成

ILW设定了两个触发器。例如，购买了ILW的保险公司，当支付的保险金超过一定额度，且参考指数也超过一定值时，将成为触发器发动的条件。ILW中使用最频繁的参考指数是根据美国PCS（Property Claims Service）所计算的保险业界全体损害指数。这里的实际损失补偿触发器意味着ILW的购买者需要在触发器条件达到之前负担损失，有ILW的购买者具有代表损害可能性的被保险利益，美国等国家将这部分归类于再保险合同。ILW被视作再保险合同的话，保险公司作为买方时，将会被免除储备准备金的义务。

另外，互换形式的保险衍生品模仿CDS的产外交易商品，也被称为事件损失交换（Event Loss Swap）。

互换形式的ILW的机制如图78所示。

图78 互换形式的ILW

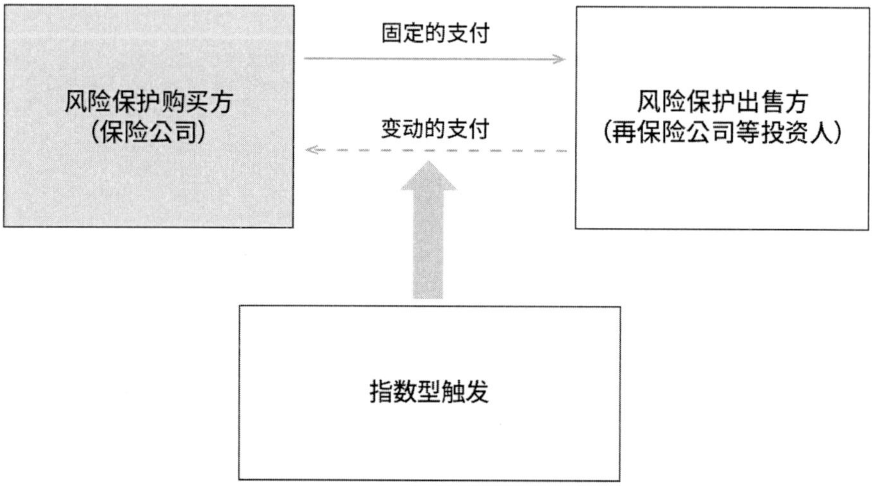

(出处) 根据多个资料整理作成

风险保护的购买方向风险保护的出售方支付手续费等形式的固定金额，风险保护的出售方在指数型触发指标触发时，按照触发指标约定以补偿金等形式支付变动的金额。

大多交易所（EUREX, CME, IFEX）中都会交易与参数或损害保险业界全体损害指数联动的期货合同。其中，保险期货交易所（IFEX）中就交易事件连接期货（ELF）。

ILW以美国保险业统计机构PCS（Property Claim Service）等第三方机构公布的保险业全体支付的损害额作为支付的指标（触发），确定损害的机制相较再保险更加简单，也有将购买保险公司的保险金实际支付额追加为触发，同时设置数个触发的情况。在这种情况下，ILW购买的保险公司的损害额和保险业全体损害指数（行业指数）同时超过一定值才构成支付条件。然而，购买了ILW的保险公司，公司的亏损金额与触发指标相冲突，有不满足业内触发指标的风险。这样一来会出现保险业界全体损害指数和购买ILW的保险公司的损害指数不一样的情况，因此对购买了ILW的保险公司来说，存在损害额和接受的支付额不一致的基差风险。

由于保险业界损害指数非常透明，承保手续通过简单操作就可完成。没有通常针对个别交易的定制产品，ILW是标准化的合同书的形式。标准化的合同更容易在流通市场交易，付款请求也更方便进行。ILW中的标准化用语和透明的价格设定，使其成为流动性最高的ILS产品。

ILW的付款不是购买者报告的损害，而是基于独立的第三方计算出的指标，所以引发道德风险问题的可能性很低。例如，由于单个公司的损害指数会影响公司自身的损失，可能存在道德风险。由于ILW中，其支付基于广泛可用的情报，非对称性的恶意信息几乎没有，因此逆向选择的可能性也较小。

交易所中交易的ILW的另一个重要特征是没有交易对手风险。ILW通过交易所的保证金和结算机构的保证来消除信用风险。利用的金融衍生品有第三方托管机构为提供担保持有的现金、有价证券、信用证等。

4. 抵押再保险

再保险市场中，保险公司或再保险公司将承保的原保险公司的部分或全部风险通过再再保险转移，通过重复操作，将风险分散到整个保险业。抵押再保险或抵押再再保险的开发，使得资本市场的投资人也可加入再保险市场。

抵押再保险（Collateralized Reinsurance）的机制如图79所示。

图79 抵押再保险的机制

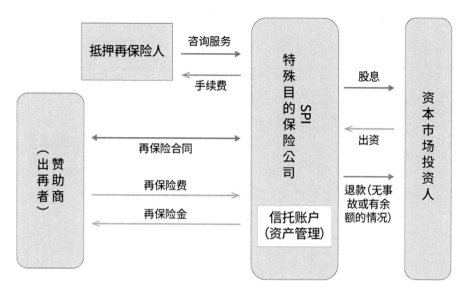

(出处) 根据多个资料整理作成

　　保险公司等赞助商向SPI支付再保险费，将风险进行转移。保险公司等将赞助商的保险费存入信托账户。投资人通过购买SPI发行的优先股等股票或债券进行投资，其资金将作为支付保险金的原资金，与再保险金共同存入信托账户。信托账户中的资金通常会投资诸如美国国债等安全资产，非常时期将用于返还投资人的本息，以及损害发生时作为支付保险金的抵押。

　　抵押再保险人（Collateralized Reinsurer）在抵押再保险中系统的设计和再保险/信托合同的谈判等起着重要作用。抵押再保险人收取手续费，成为SPI设置、提供、管理的主体，抵押再保险人不一定是传统意义上的再保险公司，也可以是ILS基金、进行抵押再保险的交易事务或提供咨询服务（Advisory Service）的专门公司。抵押再保险人虽然提供承销及交涉服务，但不接受风险的转移。抵押再保险人需要具备对风险评估及模型化的专业知识以及再保险交易中复杂的合同文书的理解能力。

　　抵押再保险成为近年在ILS市场上成长最快的交易方式，扩大速度如此之快的背景是，对接受补偿的买方来说，抵押再保险与传统的再保险构造无异，与巨灾债券相比，覆盖范围更广，成本也更低。然而，实际的风险承保方可能是没有评级的资本基础薄弱的特殊目的公司（SPI），是否确实能够提供抵押资金则由信托合同决定等问题也被指出。

RISK MANAGEMENT

第14章 金融衍生品与保险衍生品

将金融衍生品的结构运用于保险风险之中，就生成了保险衍生品。本章将对金融衍生品和保险衍生品的结构进行概述。

1. 金融衍生品

(1) 概要

金融衍生品（Derivatives）是从被称为基础资产（Underlying Asset）的股票、债券、外汇、存款、贷款等既存的金融商品中派生出的交易的总称。Derivative在英文中有"派生的"、"衍生的"之意。

虽然金融衍生品的起源可以追溯到公元前，但日本的金融衍生品诞生于18世纪江户时代的大阪堂岛，当时从事大米交易的商人们在收割前就定好了交易价格（帐合米交易），这被视为期货交易的原型。由于米的价格会受到天气、灾害影响而常常变动，大米商人们为了减少波动，在收割前确定价格，消除大米价格变动带来损失的可能性。市场上同时出现了预计大米价格上涨而买入的人和预计大米价格下跌而卖出的人。但现代意义上的金融衍生品的运用被认为是从1980年代中期的汇率衍生工具开始的。1990年代，利率衍生工具开始被使用。

金融衍生品交易的对象资产多种多样，包括普通股（Equities）、通货（Currencies）、货品（Commodities）等，它们被称为基础资产（Underlying Assets）或基础证券（Underlying Securities）。金融衍生产品交易是将基础资产的价格指标化，未来再交换价值损益的交易。市场中现存的金融衍生品交易对象包括基础标的资产和指数。

期货交易、期权交易、掉期交易都属于金融衍生品交易。

金融衍生品（Derivative）的种类如下所示。

表27　金融衍生品（Derivatives）的种类

基础资产/种类	期货	期权	掉期
股票	股票指数期货	普通股期权 股票指数期货期权	—
利率	利率期货 债券期货	利率期货期权 债券期货、现货期权 利率封顶期权等	利率掉期
通货	货币期货 远期外汇合约	货币期权	货币掉期

(出处) 参考各种资料作成

金融衍生品交易有以下特征。一、金融衍生品属于表外业务(Off-balance)，不反映在资产负债表（Balance Sheet）中，合约在签订时点价值为零。二、金融衍生品交易具有杠杆效应，只要支付少量保证金就可以进行大额的交易。由于金融衍生品交易属于预约交易，因此交易时不需要大量资金，合约的了结也一般采取现金差价结算方式进行。三、金融衍生品交易是一种风险交易，由于未来价格变动等不确定性存在，损益也会变化。

进行金融衍生品交易的目的可以分为三类。一、风险对冲（Risk Hedge），使对冲对象损益相互抵消。二、投机（Speculation）。用小额的投资获取高额的利益。三、套利（Arbitrage），通过买卖高于或低于市场价值的金融商品而获取利润。

金融衍生品交易目的的分类如下。

图80 金融衍生品交易目的

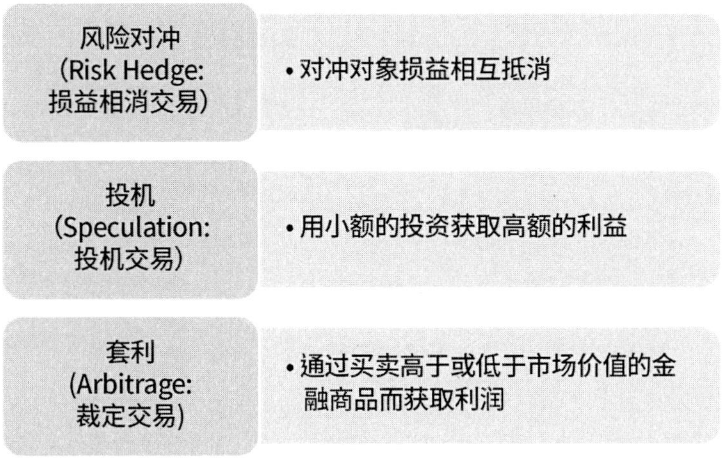

风险对冲 （Risk Hedge: 损益相消交易）	• 对冲对象损益相互抵消
投机 （Speculation: 投机交易）	• 用小额的投资获取高额的利益
套利 （Arbitrage: 裁定交易）	• 通过买卖高于或低于市场价值的金 融商品而获取利润

(出处) 参考多种资料作成

　　对冲可以应对多种风险，包括股票、债券等价格变动风险，存款利率、债券利率等利率变动风险，外汇变动风险等。对冲分为购入对冲和卖出对冲。例如，持有一些金融商品，但预计该金融商品价格下跌，可以利用期货交易转移损失风险。如果持有一些商品，利用卖出期货合约，预定在未来某个时点卖出相同数量的商品，期货价格下跌时产生的收益就会弥补商品价格下跌带来的损失。

　　未平仓合约（Open Interest）是指，在信用交易或期货交易等市场中，建仓后没有进行反向操作，也没有进行清算的合约总数。未清算的合约中，买入被称为多头（Long Position），卖出被称为空头（Short Position）。

　　投机是指，预计市场价格上升或下跌，据此进行买卖并从中获利的交易行为。套利是指，利用市场间的利率差或价格差赚取利益的行为。

　　金融衍生品交易市场有以下特征。①基础资产的种类不同，进行衍生品交易的市场也不同。②日本的期货交易在大阪证券交易所和东京金融期货交易所进行。③掉期具有交换性，通常在店头市场中交易。④货币期权交易多为店头交易，利率与股票的衍生品交易通常在交易所进行。

　　金融衍生品的交易市场如下所示。

表28　金融衍生品交易市场

类别	期货	掉期	期权
外汇	交易所	店头	店头
利率	交易所	店头	交易所
股票	交易所	—	交易所

(出处) 参考多种资料作成

(2) 期货

期货（Futures）是指，以特定的金融商品为标的，在现时点约定价格、数量以及交割日期等，到达约定时点后进行的交易。期货交易大多是在交易所进行的预定交易，如果在到期日前，对最初的买入期货合约或卖出期货合约进行反向交易，其中发生的损益将通过现金差价方式进行结算。与期货交易相对应的是现货交易。由于期货交易事先就约定好了交割时的价格，因此可以用来规避商品的价格变动风险。

期货交易的特征如下。

① 场内交易市场

期货通常在交易所这样的场内交易市场上进行交易。

② 标准化

期货合约是标准化合约，外汇、国债等标的资产的交易数量、交易时间等交易条件都是事先标准化的。

③ 保证金制度

投资者只需要支付保证金就可以进行期货交易。保证金一般是合约价值的3%左右，因此可以达到用少量保证金就可以进行大额交易的效果，即杠杆原理。

④ 差价结算

差价（差额）结算是指，期货交易中，在合约满期前对最初的交易进行反向交易后，结算其中所发生的损益的过程。这是交易所的期货交易特有的制度。例如，最初投资者购入了期货，之后又卖出，就要根据差价对该交易的损益进行结算。具体来说，用150日元购入了期货，当期货价格上涨到200日元时进行反向交易将其卖出，可产生50日元的利润。此时只需要对买卖的差价进行结算，而不需要考虑合约中标的资产的交割与货款的支付。

期货交易具有在交易所中进行、标的物的交易数量和交易日期等被标准化的特征。如果买卖双方可自由决定交易的日期和金额等条件，即使该交易是以未来交割为前提，也不能称为期货，而是远期（Forward）。外汇远期是典型的远期交易。

外汇期货属于场内交易。合约中规定双方应在将来的特定时间以特定的价格交易特定金额的特定货币，交易数量、结算日期等交易条件是标准化的。

回购协议是指，买入或卖出一种证券，并约定在未来某个时间以一定的价格再卖出或回购该证券的交易。买方和卖方在协议的基础上事先确定该期间的利率，无论市场利率如何变化，协议中的利率都不变。对于债券的卖方而言，这是一种短期的资金筹集方式，对于买方而言，这是一种短期的资金运用方式。

期货交易被视为套期保值的手段。即使未来标的物价格上升，也可以根据合约中约定的价格购入商品。例如，某人打算之后购入一批商品，但预计未来该商品价格会上升，他可以在期权交易中将未来某个时点的交割价格定为现时点的价格，以避开价格上升带来的损失。这样回避价格上涨风险的行为被称为多头套期保值，事先确定商品的卖价以回避价格下跌风险的行为则被称为空头套期保值。与套期保值相反，利用价格的变动来获取利润的行为被称为投机（Speculation）。

(3) 期权

① 概念

期权（Option）中的"权"意味着选择权，期权交易是一种选择权的买卖。这里所说的选择权是指在将来某个时点或一定期限内，以特定的价格买入或卖出外汇、股票、债券等商品的权利。在看涨期权（Call Option）

中，购买者拥有在合约期间内按执行价格买进基础资产（股票、利率、货币）的权利，在看跌期权（Put Option）中购买者拥有卖出的权利。

期权交易对象商品，即基础资产的预定买卖价格被称为执行价格或协议价格（Strike Price、Exercise Price），期权购买者需要在这个价格上行使其权利。在实际的期权交易中，基础资产为外汇、债券、利率、和股价指数的期权分别被称为货币期权、债券期权、利率期权、股价指数期权。期权的价格被称为期权费（Option Premium）或期权定价（Option Price）。

期权购买者需要向期权卖出者支付期权费才能获得看涨或看跌期权。在期权交易中，期权的买方将价格变动的风险转移给了卖方。看涨期权的购买者认为该期权的基础资产的价格可能会上涨而选择向卖方支付期权费来转移风险，而卖方则认为该基础资产的价格会下跌，于是选择收取期权费，承担这一威胁度较低的风险。相反，看跌期权的购买者认为基础资产的价格有下跌的可能性，卖出者则认为基础资产的价格可能上涨，风险跟随着期权费被转移给了卖方。

从风险对价的角度上来说，期权费类似于保险中的保费，会根据期权的基础资产的价格、价格波动性（Volatility）、距离到期日的时间等因素变动。价格波动性是指基础资产价格变动的可能性，即价格变动风险。基础资产价格波动性越高，需要支付的期权费越高。

期权的买方可以根据自己的情况选择是否行使权利。也就是说，看涨期权的买方可以在对自己有利的情况下行使权利，以执行价格买入标的物。看跌期权的买方也可以在对自己有利的情况下行使权利，以执行价格卖出标的物。作为从买方获得期权费的对价，期权卖方有在买方行使权利时配合其买入或卖出行为的义务。只有在满期日（Maturity Date）能行使权利的期权被称为欧式期权（European Type），从购买期权到满期日为止的任何一个时间点都可以行使权利的期权叫美式期权（American Type）。

期权是约定将来买卖行为的交易，这一点与期货类似。但期货的买方并没有期权交易中如前所述的选择权，有必须按约定实行买卖，或通过反向操作进行差价结算的义务，同时存在由于期货价格变动而获利或损失两方面的可能性。而期权的买方可仅在对自己有利的情况下行使权利，导致损失时买方可以放弃行使权利。

② 看涨期权的损益

在看涨期权中，实际购入商品时的市场价格高于期权的执行价格时，期权购入者可以行使权利，以较市场价格低的执行价格购入该商品。反之，市场价格低于期权执行价格时，购入者在市场中便可以较低的价格购入商品，所以可以放弃行使权利。看涨期权的损益如下图所示。

图81　看涨期权的损益
（执行价格为1000日元，期权费为100日元）

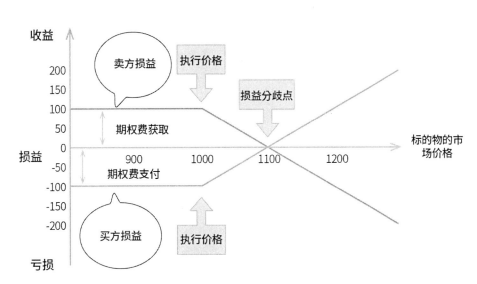

(出处) 参考多种资料作成

如上图所示，看涨期权的买方所支付的期权费是其可能发生的损失的上限值，其可能获得的利益会随着价格上涨而增加，因此没有上限。而对于看涨期权的卖方而言，从交易中获取的期权费是其收益的上限，可能发生的损失随着标的物价格上涨而增加，因此没有上限。

③ 看跌期权的损益

看跌期权的购买者会在卖出商品的市场价格低于执行价格时行使权利，以高于市场价格的执行价格卖出标的物。反之则会放弃行使权利。下图为看跌期权的损益。

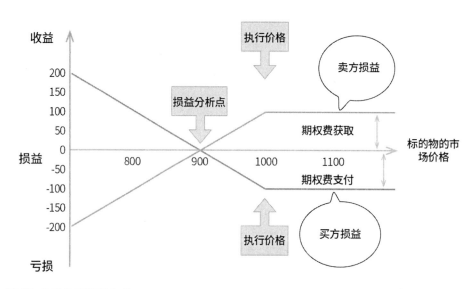

图82　看跌期权的损益
（执行价格为1000日元，期权费为100日元）

(出处) 参考多种资料作成

如上图所示，看跌期权购入者的损失上限为支付的期权费，利益随着标的物价格降低而增加，当标的物价格为零时利润最大。而对于卖方而言，获取的期权费为其利润上限，可能发生的损失会随着标的物价格下跌而增加，当标的物价格为零时损失最大。

④ 期权交易的反向交易

通过对期权交易进行反向交易（Offsetting Transaction Reversing Trade），获取买卖期权时期权费的差价时，期权合约失效。可以通过该交易获取期权费变动所带来的利益，例如在期权费上涨时卖出事先购入的期权。反之，卖出期权，之后再以便宜的价格回购，也会产生利益。例如，在期权费为100日元时购入看涨期权，当期权费上涨到150日元时获取50日元收益，进行反向交易时，最初购入的看涨期权失效。当基础资产的价格可能上涨时，买入看涨期权即可在市场价格上升时获益。但是当价格下跌时，只要放弃行使权利就可将损失控制在支付的期权费上。

⑤ 附上限贷款

附上限（cap）贷款是一种设置了利率上限的利率浮动贷款。附上限贷款中包含利率的看涨期权，如果利率超过一定水平，就可以从期权卖方获得这一部分的利息，由于这部分利息可以填补超过一定水平以上的利息损失，所以实质上，该水平是这个贷款的利息上限。附上限贷款的使用者需要缴纳的利息比一般的利率浮动贷款要高，多出来的部分实质上是他们为了对冲利率上升风险而支付的期权费。

以下是付上限贷款的例子。企业以"6个月日元LIBOR+贷款利差"的条件借入一笔贷款，虽然企业可以LIBOR较低时带来的益处，但也要承担LIBOR上涨时融资成本无限扩大的风险。如果购入为期5年且上限利率为1.5%的付上限合约，虽然支出有所增加，但今后5年间该企业在享受低利率的同时，把融资成本控制在了"1.5%+贷款利差"以内。该费用可以在缔结契约时一次性支付，也可以在契约期间分期支付，企业可根据自己的经营状况进行选择。

附上限贷款的结构如图所示。

图83　附上限贷款的结构

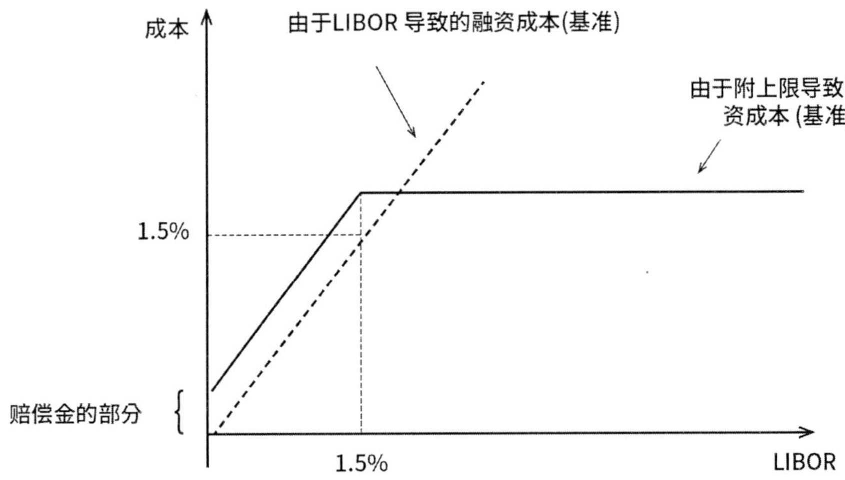

(出处) 参考多种资料作成

(4) 掉期

掉期（swap）含有交换的意思，是交换等价现金流的交易总称。掉期是买卖双方一对一的交易，交换两者间有相同价值的"将来的资金流动"的交易。在掉期交易中，交换的期间与交换金额的计算方法等都是固定的。

掉期交易分为利率掉期和货币掉期。

① 利率掉期（Interest Rate Swap）

利率掉期是在同一货币中进行的不同种类利率的交换。利率掉期交易始于1980年代初，1980年代中期，大型企业为了进行利率的风险管理开始使用利率掉期，进入1990年代后，利率掉期在中小企业中业开始占有一席之地。

通常，利率掉期中并不会发生本金的交换，只需确定用于利率计算的名义本金，即名义本金（Notional Principal Amount）。

具体来说，掉期中的双方需要确定名义本金额、期间、利息交换日等条件，再进行固定利率与浮动利率，浮动利率与不同浮动利率等的交换。最常见的是固定利率和浮动利率LIBOR的交换。

用于交换的浮动利率，除了LIBOR，还有TIBOR、优惠利率、短期优惠利率等，可根据企业所有的筹措或运用的类别进行分类使用。LIBOR（London Interbank Offered Rate）被译为伦敦同业拆借利率，是指在伦敦市场上提供资金的银行所使用的银行间短期资金借贷利率，是国际金融交易的基准利率，是英国银行协会（The British Banker's Assosiation；BBA）计算的，伦敦时间上午11点各银行（卖方）拆出利率的平均值。买方所报出的利率则为拆借利率（Bid Rate）。TIBOR（Tokyo Interbank Offered Rate）为东京同业拆借利率，是在东京市场上，贷出方银行所报出的离岸市场银行间的拆借利率，作为基准利率被用于进行金融机构间的金融交易中。该利率由日本银行协会收集东京上午11点时特定几个银行的报价，取其平均值得到。

假定大型优良企业A公司和中等企业B公司的融资成本如下。

表29　A公司与B公司的融资成本

类别	短期资金	长期资金
A公司	TIBOR + 0.25%	3%
B公司	TIBOR + 0.5%	3.75%
成本差	0.25%	0.75%

(出处) 参考多种资料作成

　　在这个例子中，无论是长期还是短期资金，大型优良企业都是有优势的，长期资金的筹集成本的差是0.75%，短期资金的差为0.25%，较长期少了0.5%。如果B公司需要长期资金，可以自己借入短期资金，委托A公司借入融资成本的差较大的长期资金，双方再进行交换利息支付债务的利率掉期。

　　A公司用3%的固定利率借入了长期资金，通过金融机构，以3.25%的利率向B公司提供资金，赚取0.25%的差额。相对应的，B公司以TIBOR+0.5%的利率借入资金，以TIBOR+0.25%的利率贷给A公司。这个过程中的资金走向如下图所示。

图84　利率掉期的构造

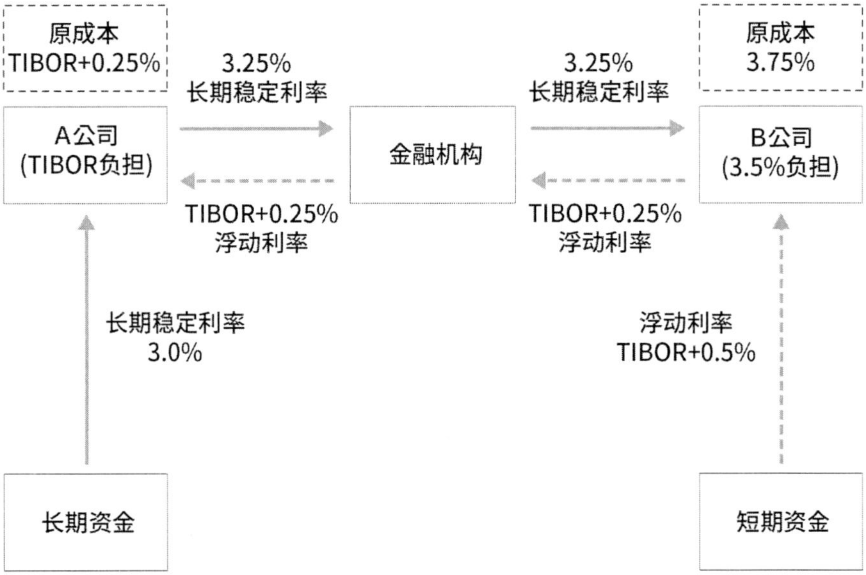

(出处) 参考各种资料作成

在这场掉期交易中，从A公司向B公司支付的浮动利率TIBOR+0.25%中扣除A公司从B公司的固定利率借贷中获取的0.25%（3.25%-3%）的差价，实际上A公司只需按TIBOR，即3%支付利息。

而对于B公司来说，实际的融资成本为，向A公司支付的3.25%（长期固定利率）加上由于浮动利率交换产生的0.25%，即3.5%。这是因为对于短期资金，B公司需要支付TIBOR+0.5%的利息，而只能从A公司获取TIBOR+0.25%的利息，出现了0.25%的差值。

A公司原本的短期融资成本为TIBOR+0.25%（3.25%），B公司原本的长期融资成本为3.75%，经过掉期，A公司的短期融资成本为TIBOR，即3%，B公司的长期融资成本为3.5%。对比起双方单独进行融资，双方都以更低的成本获取了资金。

② 货币掉期（Currency Swap）

货币掉期是指，契约双方用不同类别的货币进行不同类别的利率交换，该过程有本金的交换。例如某公司发行了美元公司债，可以利用货币掉期，将支付换为日元交易，将来的利息支付和本金偿用日元进行。一般情况下，货币掉期除了利率的交换，交易开始和结束时还要进行本金的交换。不进行本金的交换，只进行利率交换的货币掉期被称为息票掉期（Coupon Swap）。货币掉期和利率掉期一样，以场外交易的方式进行，契约时长等条件由当事者双方共同商讨决定。

由于货币掉期要在开始日和满期日进行本金交换，因此不需要像利率掉期一样设定名义本金，直接使用"本金"即可。此外，货币互换协议与金融衍生品中的货币掉期不同，是各国中央银行间的协定。具体内容为，在本国货币危机时，与存入本国货币进行交换，可以以事先定好的汇率换取对方的货币。

货币掉期的例子如下。假设将1亿美元的本金以现在外汇市场1美元=100日元的条件兑换成日元，每年的利息也从美元的4%换为日元的3%，换了3亿日元，偿还日时再以对于1亿美元=100亿美元的条件进行交换。

2. 保险衍生品

保险衍生品（Insurance Derivatives）一词并非法定的概念，没有明确定义，但可以理解为以传统保险所承保的风险为对象的金融衍生品。保险衍生品是天气衍生品、地震衍生品、信用衍生品等衍生品的总称。保险衍生品不是保险，而是衍生品的一种，由保险公司和银行进行贩卖。

使用保险衍生品可以将保险风险转移到金融市场上，大幅增强保险市场的风险承担能力。保险衍生品通常以地震的里氏震级或震度、气温、降水量等观测数值为支付条件。一旦观测到被设定为执行条件的数值，无论是否发生实际损失，都要按原先既定的条件进行支付。因此，有可能会出现所支付的金额高于实际损失额的情况，但由于达到一定数值时就会自动支付，所以从事故的发生到获取支付的时间非常短。

在保险衍生品中使用的金融衍生品技术主要有期权和掉期。换言之，可以将金融衍生品上向他人转移价格变动风险和与他人交换的功能运用到保险风险的交换和转移中。保险衍生品中的期权型交易是以气象观测的数值等数据为基准，根据事先约定好的数值和将来一定时期内的实际数值的差，计算出需要支付的金额的交易。当实际值高于或低于基准值（执行价格）时可以行使权利。

掉期型交易是指企业之间交换风险，发生风险时再相互进行补偿。掉期型交易中，有一种信用衍生品，被称为信用违约互换（Credit Default Swap; CDS）。信用衍生品是将债券等金融商品的信用风险做成掉期或期权的形式。信用衍生品是以债务者，即发行方的信用为指标，在将来进行资金转移的交易。与其他衍生品将价格变动的市场风险作为对象不同，信用衍生品的对象是信用风险。

虽然保险衍生品是金融衍生品的一种，但又与普通的金融衍生品有所不同。其中的差异有以下几点。①风险对象不同。金融衍生品主要以市场风险为对象，保险风险主要以保险风险（纯粹风险）为对象。②基础资产的有无。保险衍生品中不存在可以作为基础资产的金融商品，而是以保险风险作为基准的指标的变动为对象。因此，可以通过金融衍生品的买卖，对冲持有的金融资产（基础资产）的风险，但在保险衍生品交易中，这一功能无法实现。换言之，保险衍生品的卖方由于没有基础资产，无法将保险衍生品作为套期保值手段进行使用。保险衍生品的卖方将保有天气风险等风险，转化为天气衍生品价格中的风险溢价。

保险衍生品与保险有以下不同。①保险衍生品不是保险，是金融衍生品的一种。②保险衍生品交易中没有损失补偿原则（Indemnity Base），只根据客观的指标（Index Base）进行支付，实际损失的发生并不是引发支付的要件，因此也不需要支付保险金前的损失调查。也正因如此，保险衍生品中存在实际损失额和支付金额有差异的基差风险（Basis Risk）。③由于保险衍生品中没有保险利益这一概念，不足额保险、足额保险、超额保险的概念也都不存在。④保费是基于大数法则等统计学手法计算出来的，保险衍生品的费用是通过金融工程学的手法计算出来的。

刑法只对"赌博者"作出了规定（185、186条），没有定义赌博。一般来说，赌博是指，"用偶然的胜负，争夺财物或其他财产上的利益"。在法律上，赌博是不正当行为，根据刑法第185条[39]，原则上是被禁止的，赌博者处以3年以下惩役[40]。在"由于偶然的事件获取财物"这一点上，保险衍生品与赌博类似。为了解决这一问题，1998年12月施行的金融系统改革法相关法令修正中，衍生品交易被定位为保险业法上的附随业务（日本保险业法第98条[41]），信用衍生品被定义为金融等衍生品交易，属于银行和保险的附随业务，以此将保险衍生品与赌博区分开来。

贩卖保险衍生品的财产保险公司不接受以投机为目的的合约。由于以投机目的使用天气衍生品存在适当性问题，证券交易等监督委员会在检查手册中对保险衍生品中以投资或投机为目的的合约设定了限制。

---

39 刑法　第185条（赌博）
对赌博者应处以50万日元以下的罚金或罚款。但是共一时娱乐的赌博不在此列。

40 刑法　第186条（习惯性赌博以及开赌场盈利）
①习惯性赌博者，判处3年以下惩役。
②开设赌场，或与赌徒联合牟利者，判处3个月以上5年以下惩役。

41 第98条　保险公司可以**实施第97条所规定的业务，也可以实施该业务的附随业务**（在下页揭示）……
六　衍生品交易（为了资产运用而实施的交易记忆有价证券相关的衍生品除外。下个括号同）为内阁府法令所承认（第4号中记载的业务除外）

第15章 天气衍生品

许多企业的业务会受到天气的影响。本章将对保险衍生品中的典型——天气衍生品进行概述。

1. 天气风险与企业

天气、天候、气候指的是一定区域范围内的晴雨、气温、温度、风等气象状况。根据期间长度对以上概念进行划分。天气描述的是数小时或数天内的气象状态，天候描述的是比天气长，一周或数月的气象状态，气候则描述的是长达一个月以上的气象状态。气象是用物理现象表示大气状态变化的专用术语。

近年，台风、洪水等异常天气频发，许多企业的收益或销售量也受到了影响。异常气象是指大幅度偏离过去平均水平的天气状况，发生频率较低，包括短时间内的强降雨、强风、长期的干旱、极为寒冷的夏季或极为温暖的冬季。日本气象厅将异常气象定义为"某个时期（周、月、季）发生在某个区域的，三十年发生一次，或发生频率低于此的现象"，并以此为基准判断气象是否为异常气象。而世界气候组织，把异常气象定义为"与平均气温以及降水量有所偏差，且偏差达到二十五年或二十五年以上才会发生一次的程度"。

厄尔尼诺（El Nino）现象和拉尼娜（La Nina）现象是以数年为周期发生的气候现象，其本身不被认为是一种异常气象。南美秘鲁海岸附近的冷水海域异常增暖，且该状态会持续一年的现象被称为厄尔尼诺现象。与厄尔尼诺现象相反，拉尼娜现象则是指东太平洋赤道附近的海面温度长时间地低于往年的现象。厄尔尼诺现象发生时，由于夏季时日本附近日照时间少，气温低，而形成寒夏，冬季时形成暖冬。而出现拉尼娜现象时，日本周边气温上升，夏季酷暑，而冬季严寒。

企业的收益很大程度会受到异常天气的影响。笔者摘录了以下的反映了天气与企业收益关系的新闻报道。

① 1月国内产出的油加热器台数达到去年同月的5倍。关东地区各地的强降雪导致了严寒，生产商们对激增的需求表示喜悦：多亏了寒流。（2001/2/9《每日新闻》）

② JUSCO将从10号开始连续3日，对由于大雪等恶劣气候减产而价格上升的蔬菜将进行降价处理。从农家大量购入的萝卜和国产卷心菜等将以目前门面价格的30%到50%的折扣进行贩卖。（2012/2/9《日本经济》）

③ 由于受到创纪录大雪的影响，东北地区滑雪场的使用受到大幅度的限制。2000年，从游客乘坐雪地电梯方面获取的收入减少的百分比达到两位数。由于上个季节的降雪不足和该季度的大雪恶劣天气，许多乘客纷纷减少滑雪出行。（2001/4/28《日本经济》）

④ 由于连日酷暑，夏季用品畅销。空调、饮料、冷冻点心、日用杂货等物品的销量较去年有大幅度上升。与该类产品相关的商品，例如容器等，也受到了影响，多个企业计划增产。酷暑刺激了个人消费，减缓经济衰退。（2001/7/25《日本经济》）

⑤ 位于仙台市中心地带的屋顶啤酒花园，由于7月份持续的高温天气，连续数日门庭若市。但进入8月份后，客流量减少至去年一半的程度。根据仙台气象局报道，仙台的7月份的平均气温为24.7摄氏度，相较于去年上升了2.6摄氏度，8月上旬为21.0摄氏度，比往年低了3.5摄氏度。（2001/8/15/《日本经济》）

影响企业损益的天气风险如下所示。

表30　减少收益的天气风险与行业

天气风险 (收益减少)	行业
寒夏	电力公司、饮料、空调制造商、游泳馆、海岸商业，泳衣制造，啤酒花园
多雨	游乐场、餐饮业、生鲜食品销售、高尔夫球场、商场、点心制造销售、建筑业
台风	活动业者、运输相关(船舶、航空)、农业相关、地方自治体、游泳馆、海岸商业、主题公园。
暖冬	煤气公司、煤油销售、暖气设备制造、冬季服装制造、滑雪场(少雪)

(出处) 参考各种资料作成

　　损益会受到影响的企业数量占全体的四分之三。在长期的气候变化当中，企业应基于自身的经营战略，利用调整产品构成、改变市场投入等方法应对天气风险。对于一时间的异常天气，可利用本章所述的天气衍生品等风险融资渠道进行有效应对。

　　第一笔应对天气风险的天气衍生产品的交易诞生于1997年9月，以1997年到1998年的威斯康星州的冬季气温为对象，参与者为综合能源公司ENRON和Koch公司。总部位于德克萨斯州休斯顿的ENRON面临着寒夏时空调使用需求的减少，电力使用量下降，收益减少的问题。而暖冬时，取暖的煤气需求减少，北部的能源公司Koch收益减少。因此，ENRON和Koch签订了一份衍生品合同以对冲风险。由于当时美国电力自由化的推进，寒夏导致的损失很难通过提高电费来进行弥补，这也是天气衍生品诞生的原因之一。

2. 天气衍生品

(1) 天气衍生品的特征

　　天气衍生品交易是以一定期间的平均气象数据为基准，再根据该期间内的实际气象数据与基准值的差来确定交易额的一种交易。业绩受到异常气象现象的企业可利用天气衍生品回避该风险。天气衍生品以气温、适

度、降雨量、降雪量、霜、风速、台风等气象现象为对象，交易者在确定
基准条件后以实际值与基准值的差为基础计算出支付金额，购入者支付期
权费，卖方根据气象向买方支付补偿金。

天气衍生产品（Weather Derivatives）的特征如下。①气象数据的基
准是气温、风量、降水量、积雪量等各种天气数据，但通常使用多个天气
数据的组合而不是单个数据。②气候衍生产品适用于发生概率高，损失额
较小的天气风险，如寒夏、地震等发生概率低，损失额度高的现象不属于
天气衍生品的交易对象。③天气衍生产品中，支付金额仅由实际的天气事
件来决定，与契约者实际遭受的损失额度无关。这样的判定基准被称为触
发条件，例如，气温等指标达到预定标准时进行支付。④由于无论是否有
实际损失，都会进行支付，所以存在发生基差风险（Basis Risk），即契约
者获取的金额和实际的损失额之间有差距的可能性，支付额有可能低于损
失额。⑤指标数据是包括日本气象局在内的中立第三方发布的客观气象数
据。最近还出现了利用NASA的卫星观测数据，向进出口企业贩卖天气衍
生品的事例[42]。

天气衍生产品的决定条件如下所示。

① 风险对象

风险对象为对企业产生影响的气象现象。该风险对象包括最高气温、
最低气温、平均气温、降水量、降雪量、积雪量、风速、日照时间等，也
存在组合使用的情形。

② 观测地点

观测地点一般是受气候影响影响最大的地点。

③ 触发（strike）

触发是发生支付的阈值。

④ 支付期间

---

[42] 为了应对由于多雨导致的矿山开发延迟、海水温度上升导致的养殖事业衰退
等风险，三井住友海上火灾保险在2016年12月，利用NASA的卫星观测数
据，发售了天气衍生品。

根据气候的不同，支付期限一般是数周到数月之间。

⑤ 支付方式

以触发为基准，当超过触发或者低于触发的情况下，以每日xx日元的方式，确定计算支付金额的方法。

⑥ 最大支付限额

每份合约都需要设定一个支付限度额。

(2) 天气衍生品的形态

天气衍生品交易有期权交易和掉期交易两种形态。期权交易是企业向保险公司事前支付保费，气温等气象事件在一定期限内超过或者低于一定水准时获得一定的赔偿金。期权交易分为指标越大契约者的获取金额越大的"看涨期权"交易，和指标越小契约者的获取金额越大的"看跌期权"交易

天气衍生品中看涨期权交易的损益如下所示。

图85　天气衍生品中看涨期权交易的损益

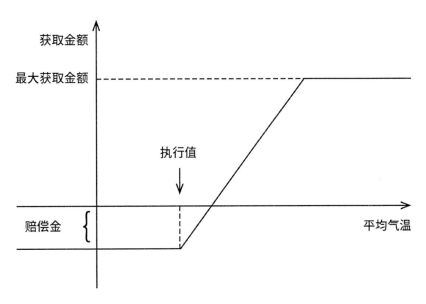

(出处) 参考各种资料作成

天气衍生品中看跌期权交易的损益如下所示。

图86　天气衍生品中看跌期权交易的损益

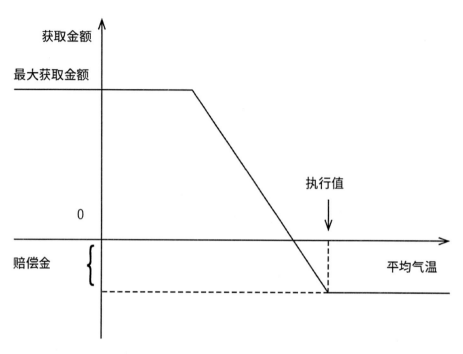

(出处) 参考各种资料作成

　　包括天气衍生品在内的保险衍生品中，由于不存在基础资产，不能进行基础资产的交易。但可以以存在基础资产的股权交易的资金往来曲线的形态为基准，来划分看涨期权和看跌期权。换言之，随着超过执行值后指标的增加，获取金额也增加的为看涨期权，随着低于执行值后指标的降低，获取金额反而增加的为看跌期权。无论哪种交易方式，身为契约者的买方资金负担只限于签订合约时所要支付的费用。

　　掉期交易是企业之间交换不同天气风险的方法。掉期交易并不要求签署合约的企业双方事先支付费用，而是在一定期间内，所约定气象条件如果使企业收益增加，该企业就将支付一定的金额。如果气象使企业收益减少，企业就能从对方获取资金。

　　天气衍生品中掉期交易的损益如下所示。

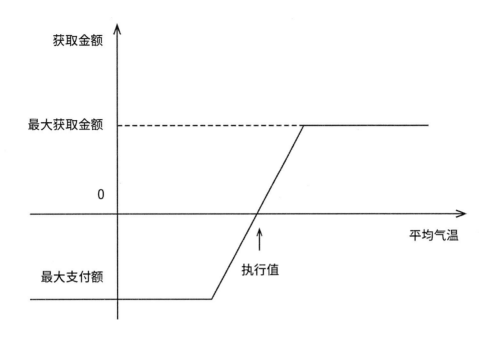

图87　天气衍生品中掉期交易的损益

（出处）参考各种资料作成

　　领式期权（Collar）是掉期的一种变形形式。在领形期权的交易中，如同观测期间中气温在平均气温的上下1摄氏度浮动这样，指标保持在一定范围之内，企业之间不发生资金转移，只在超过一定范围的情况下才会发生资金往来。由于表示这种交易形态的资金往来曲线与领子形状相似，因此被称为领式交易。

　　天气衍生品中领式期权交易的损益如下图所示。

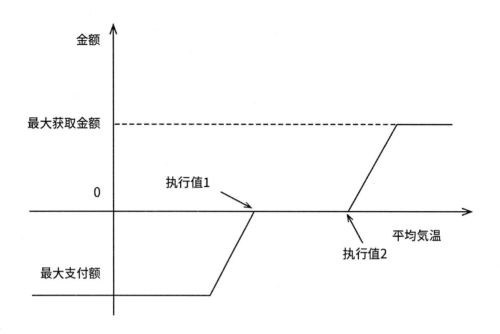

图88　天气衍生品中领式期权交易的损益

(出处) 参考各种资料作成

(3) 天气衍生品的作用

　　天气衍生品产生的效果如下：一、对天气风险采取对策能够稳定企业经营管理。天气衍生品是针对天气风险的风险管理手段，用于应对异常天气导致的企业收益减少（销售量减少、费用增加）。二、利于企业IR（Investor Relations）。天气衍生品的使用能够向交易方和投资者证明企业在积极实施风险管理。三、当异常气候发生时，可利用从天气衍生品获得的支付进行现金返还等活动，使其称为服务或者产品销售促进的手段。

　　天气衍生品的例子如下：①经营一支足球队的A公司，主要收入来自于当日券的贩卖，为了应对比赛当天降雨导致的入场人数减少的风险，A公司购入以比赛当天为对象的天气衍生品。②在北海道纹别经营流冰破冰船（观光船）的B公司，购买天气衍生品以应对由于风向和强风迟迟到岸，或早早离岸导致乘船游客减少的风险。③生产腌制品的C公司，购买天气衍生品以应对由于日照不足，作为原材料的蔬菜价格上升的风险。

天气衍生品的附加价值如下所示。

表31　天气衍生品的附加价值

行业类别	运用方法
空调	对在寒夏购入空调的顾客进行现金返还。
高尔夫球场	对酷暑也来打高尔夫求的顾客进行现金返还，抵消一部分费用。
租赁业	对即使酷暑也长期租赁纳豆制造装置的顾客进行现金返还，抵消一部分费用。
车辆用品销售	对在降雪较少的时候购入雪道轮胎的客人进行现金返还。
暖气机销售	暖冬时对暖气机购入者进行现金返还。
旅店	下雨天向住店的客人提供鲍鱼。
婚礼场地出租	向在下雨天举办仪式的新人提供住宿券。

(出处) 参考各种资料作成

　　根据日本《不当赠品即不当表示阻止法》，在进行现金返还等促销活动时，现金返还的金额应控制在销售额预计总额的2%或10万日元以内。

3. 天气衍生品交易

(1) CDD和HDD

　　在美国，CDD和HDD作为天气衍生品的指标从场外交易（Over The Counter；OTC）时就开始被使用，现也常用于很多上市天气衍生品。由于当气温到达华氏65度[43]（18.315℃）时一般家庭会点燃暖炉，所以假设一般家庭在低于华氏65度时会启动加热装置，高于华氏65度会启动制冷装置，为了方便，该假设被用来进行天气衍生品的计算。气温偏离华氏65度越多，制冷和采暖的能源消耗就越多。

　　以华氏65度为基准，冬季低于此标准的次数被称为采暖度日数

43　°F (Fahrenheit：华氏) 与 °C（Celsius：摄氏）的关系如下。将华氏转换为摄氏的公式为（华氏°F-32）×0.555=摄氏°C。将摄氏转换为华氏的计算公式为1.8×摄氏°C+32=华氏°F。0°C是水的凝固点，100°C摄氏度是水的沸点。在华氏中，水的凝固点为32度，沸点为212度，相差180°F。

（Heating Degree Days；HDD），夏季超过此标准的次数被称为制冷度日数（Cooling Degree days；CDD）。Degree Day是指1天的平均气温，即从0点开始24小时期间的最高温和最低温的和除以2，与华氏65度之间的差值。美国的国家气候数据中心（National Climate Data Center；NCDC）公布了美国各地的HDD和CDD。

每日HDD的计算方法如下。

$$每日HDD = Max（0，华氏65度 - 每日平均气温）$$

如果日平均气温为华氏40度，则每日HDD为25，即65-40=25。如果每天的平均气温为67度，65-67=-2，为负值，所以每日HDD为0。CME的HDD指数是一个月中HDD的集合，最终的现金决算是以100美元/HDD来计算的，例如，某个城市11月份的日平均HDD为25（华氏65-华氏40）的话，11月份的HDD指数为750（25×30）。如果11月份的HDD指数为750，则该城市在期货市场上的名义价格为75000美元（HDD指数750×100）。

每日CDD的计算公式为：每日CDD=Max（0，每天平均气温-或者华氏65度）。如夏天的某日的平均气温为85华氏度，CDD为20即85-65=20。如果是62华氏度，由于62-65=-3，CDD为0。与HDD指数相同，CDD指数是一个月内每日CDD的和，最终的现金决算以100美元/CDD来计算。比如某都市6月份日平均CDD为10（华氏75-华氏65），则6月份的CDD指数为300（每天CDD10×30）。如果六月份的CDD指数为300，则该都市在期权市场上的名义价格为3000美元（CDD指数300×100）。

(2) 天气衍生品上市

1992年安德鲁飓风袭来后，天气衍生品在芝加哥期货交易所（Chicago Board of Trade；CBOT）上市，开始进行与ISO（Insurance Services Office）提供的指标相关的异常灾害的期货交易，此后，期权交易（看涨和看跌）也陆续展开。1995年，由于ISO没有充分反应加利福尼亚北岭地震所造成的损失和灾害，期货和期权指数变更为PCS（Property Claims Service），但由于交易量较少，于2000年退市。CBOT于2007年被CME

集团收购。

1996年，以由异常天气导致的个人财产损失为对象的期权在百慕大商品交易所上市，使用的指数是以特定的保险公司（约40家）的保险金支付和保险费收入为基准计算出的GCCI（Guy Carpenter Catastrophe Index）。但是由于交易量较少，2年后交易终止"。作为上市商品的保险衍生品，这些交易之所以难以增长是由于交易量较少以及保险公司与再保险公司之间对再保险交易的重视，而基差风险的存在也是其原因之一。

1999年9月22日，北美最大的金融和商品衍生品交易所——芝加哥商品交易所，在美国电力自由化和1997年厄尔尼诺现象引发的创纪录暖冬使天气衍生品场外交易激增的背景下，上市了以HDD为对象的天气衍生期货、期货期权和掉期，为世界首例。上市之初，合约对象为美国的四个都市（亚特拉大、芝加哥、辛辛那提和纽约），后来加入了其他地区，以CDD为对象的天气衍生品业随后上市。但是由于交易的低迷，这些天气衍生品于2000年退市。

芝加哥商品交易所（CME）的天气衍生品有气温期货和期权，指数为每月 CDD 或 HDD 的累计指数。被上市的天气衍生品对象包括5月到9月这5个月（夏期）的CDD以及10月到3月这5个月（冬期）的HDD。

在CME上市的天气衍生品有以下特征：①场内交易，不存在信用风险。场外交易中，存在交易对手不履行债务的信用风险。但在场内交易中，市场参与者的资金结算在交易所的清算所进行。②交易参加者必须存入一定数额的保证金。③交易定型化，小规模化。指数统一为CDD/HDD，一个单位是100美元，不仅可以进行大宗交易，小量交易也能进行。④CME的专业电子交易系统，全天24小时都可进行交易。市场价格在通过交易所进行的交易中形成。

以2005年美国三大飓风KPM（Katrina, Rita, and Wilma）为契机，2007年，飓风期货和期权在上市。该交易基于美国气象局国家飓风数据中心的数据，并使用测量由飓风引起的潜在损害额的CHI（CME Hurricane Index）作为指数。

---

44 多田 修「活況を呈し始めた保険リンク証券への期待 - キャット・ボンドを中心とした動向 -」《損保ジャパン日本興亜総合研究所レポート》Vol.61，2012年9月28日。

4. 日本的天气衍生品

在日本，1998年12月生效的《保险业务法》认可了天气衍生品交易，但没有上市，只能进行场外交易。1999年6月25日，三井海上（现三井住友海上保险）和喜马拉雅株式会社（以滑雪、滑雪板为主的综合体育专卖店）针对降雨量少所产生的风险，以1000万日元的费用进行了首次天气衍生品交易。最终，由于降雪的缘故，结算额没有支付给喜马拉雅。

日本天气衍生品的特征如下。

一、美国天气衍生品的买方主要时以能源公司为主，以HDD和CDD为指数，以气温风险为对象风险[45]。但在日本，天气衍生品的买方除了能源公司还包括了百货店、商社、饮食店、建筑公司、零售公司、旅行业和服装行业等。

二、日本天气衍生品的买方涵盖多个行业，其风险对象也包括气温、湿度、降雨量、降雪量、霜、风速、台风等多种气象现象。目前，以气温、降雨量、降雪量、台风为对象的风险较为常见。但是，由于风力、太阳能等可再生能源的生产的增加，日照时间、风力为指数的天气衍生品也将会随之增加。

三、美国的天气衍生品在交易所上市。但在日本，天气衍生品只有场外交易。

四、日本天气衍生品的开发和风险主要由保险公司和大型银行进行。财产保险公司和大型银行可以直接贩卖天气衍生品，也可以让地方银行和信用社等代理店代为销售。另外，大型银行会将收到的一部分风险对冲给财产保险公司，这是因为在过去，风灾、水灾等自然灾害的风险都是由保险公司承担，天气衍生品的交易市场尚未完善，其次，期权费的计算也是使用统计手法计算出保费的保险公司的强项。

五、电力公司和煤气公司等与能源相关公司的收益很容易受到天气风险的影响。能源相关公司倾向于通过公司间的掉期来转移风险。

日本天气衍生品的销售路径如下所示。

---

45 在天气衍生品交易中对象风险被称为基础资产。

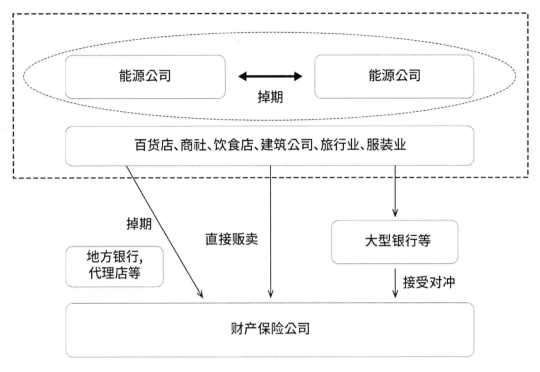

图89　日本天气衍生品的销售路径

能源公司 ←掉期→ 能源公司

百货店、商社、饮食店、建筑公司、旅行业、服装业

掉期

地方银行,
代理店等

直接贩卖

大型银行等

接受对冲

财产保险公司

(出处) 参考各种资料作成

5. 天气衍生品事例

(1) 风险交换交易

　　中国电力股份公司和广岛煤气股份公司签订了一份交换2003年夏季的气温变动风险的合约。中国电力和广岛煤气之间的夏季气温和利润关系是反向的。中国电力在冷气设备需求增加的酷暑里，利润增加，寒夏时利润减少。广岛煤气公司在热水需求减少的酷暑里，利润减少，相反寒夏时利润增加。交换内容为，酷暑时中国电力所增加收入的一部分支付给广岛煤气，寒夏时，广岛公司把增加收入的一部分支付给中国电力。风险交换的条件如下。

① 交换期间: 2003年7月1日到9月30日（92天）

② 交易指标: 观测地点广岛地方气象台的交换期间的平均气温值

③ 基准气温: 两社商定的气温。基于过去的同一时期的气温, 使双方的交易对等。

④ 交易内容: 交换期间的实际平均气温超过基准气温0.8摄氏度的酷暑, 中国电力向广岛煤气支付所协定的金额, 低于基准气温0.8摄氏度的寒夏, 广岛煤气要向中国电力支付协定金额。协定金额的上限为偏离基准气温上下2摄氏度时的5000万日元。

中国电力株式会社和广岛煤气公司的气温风险交换的概况如下。

图90　中国电力株式会社和广岛煤气株式会社的气温风险交换的概况

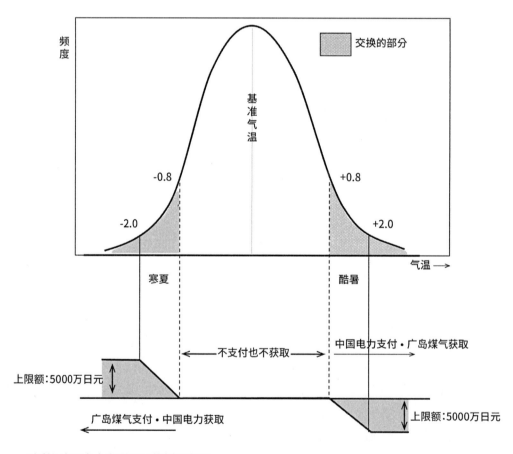

(出处) 中国电力有限公司的新闻发布

(2) 财产保险公司的商品

因全球变暖产生的异常气象的发生频率在增加，各财产保险公司的天气衍生品的销售额每年都在平稳上升。

不同业界的气候风险，如下所示。

表32　不同业界的天气风险

行业	天气风险
休闲(主题乐园、高尔夫球场、滑雪场、酒店、旅馆)	因降雨、台风、地震、降雪、少雪等客流减少
零售、餐饮	因降雨、台风、降雪等客流减少
饮料、服装、冷暖机械、煤油、LP煤气	因寒夏或暖冬等销售额减少
能源（电力、煤气、石油）	因寒夏或暖冬等销售额减少
建筑、运输	因降雨、台风、降雪等作业延迟

(出处) 参考各种资料作成

以啤酒馆为例，契约者在指定期间内经营户外啤酒馆。风险为低温和雨天导致气温降低时的客流量减少。另外虽然有防雨措施但是遇到暴雨店家几乎处于开店停业的状态。天气衍生品可应对低温、多雨的风险。

天气衍生品的合约如下所示。

表33　低温、多雨的事例

交易形态	低温或下雨日数的看涨期权（欧式）
对象期间	2002年7月1日～8月10日
观测地	北海道札幌市
指标	1日的降水量为１０mm以上的日数或最高气温为２２℃及其以下的合计日数
执行值	5日
支付金额	200万日元/天
支付上限额	2000万日元

(出处) 参考各种资料作成

第15章　天气衍生品　**233**

应对降雨风险的天气衍生品事例中，由于相当于保险额的费用被设定为1口25万日元，金额较低，可以选择添加口数。在黄金周期间，如果下5mm以上的雨水的天数超过一定的数值（例如东京是3天）以上时，每口每天要支付50万日元，上限为300万日元。针对长期面临降雨风险的企业的"可能型"天气衍生品，每口费用为25万日元~45万日元，在黄金周期间，如果每日雨量在5mm以上且连续下6天以上，1天可获取500万日元，最高1000万日元。与"标准型"相比，从"可能型"天气衍生品中获取支付金额的机会较少，但一旦获取，金额将高于"标准型"。

表34 "如果晴就好了 2"（旧日生同和财产保险公司）

类型		标准型	如果型
气象观测地		札幌、仙台、东京、横滨、名古屋、京都、大阪、神户、广岛、福冈10个区域	
气象观测期间		2002年4月27日~5月6日(10天)	
支付	条件	在观测期间中，降雨超过一定量（日降水量为5mm）的日数超过免责日数时，针对超过的日数每日支付各个类型相应的金额。	
	金额(人口当たり)	50万日元/日，上限300万日元	500万日元/日，上限1000万日元
	免责日数	札幌、东京为2天，名古屋为4天，其他地区为3天	所有地区都为2天
费用		所有地区25万日元/口	札幌、东京为25万日元/口，名古屋为45万日元/口，其他地区为30万日元/口

(出处) 日生同和财产保险公司新闻发布

参考文献

上田和勇編著『リスク・マネジメントの本質』同文館出版、2017年4月。

上田和勇『事例で学ぶリスク・マネジメント入門(第2版)』同文館出版、2014年3月。

同　上『企業倫理リスクのマネジメント』同文館出版、2014年9月。

同　上『企業価値創造型リスク・マネジメントその概念と事例』白桃書房、2007年5月。

大谷孝一編著『保険論(第3版)』成文堂、2012年5月。

可児滋『金融と保険の融合』金融財政事情研究会、2013年8月。

亀井克之『リスク・マネジメントの基礎理論と事例』関西大学出版部、2011年4月。

同　上『現代リスク・マネジメントの基礎理論と事例』法律文化社、2014年12月。

金泉株式会社『企業におけるリスクファイナンス手法』2014年7月25日。

経済産業省 リスクファイナンス研究会「リスクファイナンス研究会報告書～リスクファイナンスの普及に向けて～」平成18年3月。

小林正宏・安田裕美子『サブプライム問題と住宅金融市場』住宅新報社、2008年10月。

鈴木 久子「Insurance Linked Securities（ILS）がもたらす変化 ―資本市場による保険リスクの引受け―」損保ジャパン日本興亜総研レポート、2017年3月。

多田 修「活況を呈し始めた保険リンク証券への期待 ―キャット・ボンドを中心とした動向―」損保ジャパン日本興亜総研レポート、2012年9月。

中出哲『損害てん補の本質』成文堂、2016年3月。

内閣府『事業継続ガイドライン ―あらゆる危機的事象を乗り越えるための戦略と対応―』2013年8月。

日吉信弘『代替的リスク移転(ＡＲＴ)』2001年6月21日。

Christopher L. Culp, The ART of Risk Management, John Wiley & Sons, Inc., 2002

COSO, Enterprise Risk Management – Integrating with Strategy and Performance, June 2017.

Erick Banks, Alternative Risk Transfer, John Wiley & Sons, Ltd, 2004.

John C. Hull, Risk Management and Financial Institutions, John Wiley & Sons, Inc., 2018.

ISO, International Standard ISO 31010, 2009.

ISO, International Standard IEC/ISO 31000, 2018.

Morton Lane, Alternative Risk Strategies, Risk Waters Group, 2002.

Robert R. Moeller, COSO Enterprise Risk Management -- Establishing Effective Governance, Risk and Compliance Processes --, John Wiley & Sons, Inc., 2007.

Robert R. Moeller, COSO Enterprise Risk Management -- Understanding the New Integrated ERM Framework--, John Wiley & Sons, Inc., 2007.

Semir Ben Ammar, Alexander Braun, Martin Eling, Alternative Risk Transfer and Insurance-Linked Securities: Trends, Challenges and New Market Opportunities, Institute of Insurance Economics I.VW - HSG, University of St. Gallen, 2015.

索引

李洪茂(Hongmu Lee)

1995年 早稲田大学商学博士课程修了
1996年 韩国檀国大学校商经大学专任讲师
1998年 韩国檀国大学校商经大学副教授
2000年 早稲田大学商学院讲师讲师
2002年 早稲田大学商学院副教授
2007年至今 早稲田大学商学院教授

主要著作

《保険事業と規制緩和》成文堂、1996年(1996年日本风险管理学会最佳版权奖)

《保険論》（共著）成文堂、2007年

《企業年金が危ない》（共著）講談社、2009年

《An International Comparision of Financial Consumer Protection》（共著）Springer、2018年

刘新立

1994年 北京师范大学数学系本科
1997年 北京师范大学资源科学研究所硕士
2000年 北京师范大学资源科学研究所博士
2000年 北京大学经济学院风险管理与保险学系讲师
2003年至今 北京大学经济学院风险管理与保险学系副教授

主要著作

刘新立 著，《风险管理》（第2版），北京大学出版社，2014年6月

刘新立 著，《区域水灾风险管理的理论与实践》，北京大学出版社，2005年9月

刘新立，史培军，区域水灾风险评估模型研究的理论与实践，自然灾害学报，Vol.10, No.2: pp66-72, 2001

刘新立，随机过程与随机模拟在水灾风险管理中的应用研究，经济科学，No.1: pp114-119, 2003

刘新立，基于风险形成过程的区域水灾风险因素分析，经济科学，No.2: pp113-121, 2002

刘新立，论我国保险公司上市的收益与风险，金融研究，No.2,

2003:78-84

刘新立 叶涛 方伟华，海南省橡胶树风灾指数保险指数指标设计研究，
保险研究，No.6，2017: 93-102

陆超

2014年　早稲田大学商学硕士学位
2017年　早稲田大学商学院助手
2019年　早稲田大学商学博士学位
2019年　早稲田大学商学院助教

研究业绩

陸超，「株価指数に対するRealized GARCHモデル及びEGARCHモデ
ルの推定について」，《商経論集（109）》，2015, pp41-52.

陸超，「株価指数に対するリスク指標の予測について」，《商経論集
（110）》，2016, pp29-39.

Lu, C., "An empirical comparison of stochastic volatility
models on stock indices", Waseda Business & Economic
Studies, 52, 2017, pp1-16.

Lu, C., "An empirical study of quantile forecasts for the
S&P500 stock index", The Waseda Commercial Review,
451・452, 2018, pp161-186.

坂野慎哉, 陸超，「Realized GARCHモデルとその推定について」，
《ビジネス慣習と会計制度に関する理論的および実証的研究（産
研シリーズ49）》，2018, pp61-79.

农师捷

2018年早稲田大学商学硕士学位

リスクマネジメント論（中国語）/ 风险管理论

初版発行 2020 年 8 月 25 日

著　者　李洪茂
発行人　中嶋 啓太

発 行 所　博英社
　　　　　〒 370-0006 群馬県 高崎市 問屋町 4-5-9 SKYMAX-WEST
　　　　　TEL 027-381-8453 (営業、企画) / FAX 027-381-8457
　　　　　E·MAIL hakueisha @ hakueishabook.com
　　　　　＊営業、企画に関するお問い合わせ

ISBN　　978-4-910132-05-1

定　　価 本体 2,700 円＋税